나는 코스피로 돈 벌어

주식

나는 코스피로 돈 벌어 해외 주식 산다

주식 사는 습관으로 경제적 자유 얻는 법

마준원 지음

세이지

Make Money
in Stocks

주가가 올라도 좋고 내려가도 좋은 이유

2008년 당시 서브프라임 사태로 인한 글로벌 폭락장부터 이번 2020년 코로나19 발 폭락장까지, 또 그 사이에 크고 작은 상승과 폭락을 겪은 젊은 대한민국 투자자들은 주식을 대하는 태도가 이전과는 많이 달라졌습니다. 2008년의 서브프라임 사태 때 '위기는 또 다른 기회'라는 것을 지켜보고 폭락장에서 나온 성공담을 접했기에 2020년 코로나 발 폭락이 찾아오자 위기가 아닌 12년 만에 돌아온 기회임을 깨닫고 주식투자에 뛰어들었습니다.

젊은 개인투자자들은 글로벌 폭락장을 기다리기라도 한 듯이 신속하게 움직였습니다. 삼성전자 주식은 대국민주가 되어 100만 주주를 돌파했습니다. 한국주식뿐 아니라 미국으로 건너가 글로벌 초우량주인 아마존, 구글, 마이크로소프트, 애플, 테슬라 등도 적극 매수했습니다. 중국, 베트남의 우량주도 적극 매수했습니다.

2020년 3월 미국주식시장은 역대급 낙폭을 기록했지만 길게 이어지지는 않았습니다. 코로나19로 직격탄을 받은 항공주와 관광, 문화 산업을 제외한 분야는 5월 초까지 빠르게 주가를 회복했습니다.

저는 제 주식 수업을 듣는 투자자들에게 이 같은 폭락장을 꼭 경험해봐야 한다고 강조합니다. 엄청난 폭락이 이어졌을 때 자신의 모습을 봐야 합니다. 잘하면 잘한 대로 기회를 놓쳤다면 놓친 대로 교훈을 얻게 됩니다. 간접적으로 듣는 경험담이 아닌 스스로 느끼며 깨우친 경험이 가장 중요합니다. 주식은 도박이 아니라 일상의 노력에서 빚어낸 성과이기 때문입니다. 이번 코로나19 발 폭락장은 장기적인 주식투자를 준비하는 이들에게 많은 교훈을 준 시간이었습니다.

개미라고 불리던 예전 개인 투자자들의 초라했던 성적표에 비교해볼 때, 이번 폭락장은 개인 투자자들이 승리의 역사를 다시 쓴 것과 같다고 표현하고 싶습니다. 또 직접 투자를 하지 않았더라도 주식에 관심이 생긴 분들이 많이 늘어났습니다. 주식계좌를 만들고 스터디를 결성하는 등 주식투자에 대한 관심이 무척 뜨거워졌습니다.

2000년대 후반만 하더라도 주식은 그다지 대중적인 투자처가 아니었습니다. 대신 간접투자 상품인 펀드가 인기를 끌었습니다. 직접투자를 하는 소수의 사람들만이 폭락에 값이 내려간 주식을 매수해 차익을 실현하는 기쁨을 누렸습니다.

게다가 당시 일반 투자자들은 한국주식만 살 수 있었습니다. 미국이나 중국, 베트남 같은 해외투자는 직접투자가 불가능했고 정보도 부족했습니다. 그러나 오늘날 투자자들은 한국의 코스피와 코스닥 시장에서 단련된 기술과 감각을 바탕으로 더 넓은 미국과 중국시장 등으로 투자처를 넓히고 있습니다.

그동안 많은 머니메이트들을 만나고 그보다도 더 많은 온라인상의 질문자들을 만나 보았습니다. 그들 중 대부분이 "어떤 종목을 사면 돼요?", "차트는 어떻게 보나요?"에서 질문을 시작하는 것이 안타까웠습니다. 주식을 오랜 시간 해오며 성공적인 수익을 내는 사람들은 대부분 "주식은 공부하고 철저하게 대비해서 시작해야 실패를 하지 않는다"고 조언합니다. 하지만 사실 일반 투자자에게는 어디서부터 어떤 공부를 해야 할지, 어떤 사람들의 경험담을 들어야 하는지 막막합니다. 사람들마다 각각의 취향과 개성이 있듯이 주식도 자신한테 맞는 투자 스타일이 있습니다. 다들 효자종목이라고 말하지만 정작 나에게는 아닐 수 있기 때문에 먼저 자신의 투자 스타일을 알아내는 것이 가장 중요합니다.

내 주식계좌 속에서 펼쳐지는 놀라운 일들

저는 독특한 밥상머리 교육을 받으며 성장했습니다. 제조업과 무역업에 종사했던 아버지 덕분이었습니다. 아버지께서는 늘 돈의 흐름에 대해서 알려주고 싶어 하셨습니다. 저는 달러 가격이 내려가면 수출산업에 문제가 생긴다는 것을 어린 시절에 일찍 깨우쳤습니다. 사춘기 시절에도 달러 환율은 마치 과잣값처럼 자연스럽게 알고 있을 정도였습니다.

저의 외할아버지는 평생 미군부대에서 일하셨습니다. 저의 어머니 역시 외할아버지의 영향을 받아 저에게도 “달러는 귀한 자산이다”라고 귀에 못이 박이도록 말씀하셨는데 일고여덟 살이 된 아이 앞에 1달러를 가져다 놓고 귀중하다고 알려주셨을 정도였습니다. 저 역시 용산구 미군부대 옆에 있는 고등학교에 입학해서 3년을 다녔는데 다른 지역보다 달러를 전문으로 취급하는 은행들이 많이 있었습니다. 달러가 귀하다는 말을 듣고 자란 저는 은행 앞에 걸려 있는 달러 상품 현수막도 눈여겨보곤 했습니다. 저에게 달러는 원화만큼 친숙한 존재였고 기회가 된다면 달러를 많이 가지고 싶다는 생각을 늘 해왔습니다.

제가 생활 속에서 자연스럽게 산업공부를 접했고 거시 경제공부를 하면서 성장했다는 사실을 성인이 되어서야 깨달았습니다. 1980년대 후반, 초등학교에 입학할 무렵 아버지께서는 앞으로 세계의 중심은 중국이 될 거라면서 저를 화교학교에 보내고자 했습니다. 당시 중국은 ‘중공’으로 여겨지던 시절이었고 한중수교를 맺기도 전이었습니다. 화교학교에 입학하지는 않았지만 아버지 덕에 일찍이 중국에 관심이 생겼습니다. 그래서 성인이 되었을 때 중국 주식투자도 염두에 두었고 중국 주식 투자를 일찍 시작할 수 있었습니다.

아버지께서는 저에게 강남에 땅을 사주지도, 삼성전자 주식을 사주지도 않았지만 대신 경제 흐름을 읽는 혜안을 심어주었습니다. 저는 자녀를 둔 분들께 아이에게 생활 속 산업공부와 투자습관을 알려주는 현명한 부모가 되실 것을 권하고 있습니다. 아이들이 스스로 물고기 잡는 방법을 가르쳐 줄 수 있는 현명한 부모가 된다면 그것이야말로 가장 위대한 유산이라고 말이죠. 제가 부모님께 받은 특별한 경제교육처럼요.

저는 자녀가 있으신 분께 늘 강조합니다. 주식투자는 어려운 것이 아니며 아주 큰 종잣돈이 있어야 시작할 수 있는 것도 아니라고 말입니다. 마찬가지로 생활 속 산업공부 역시 어려운 것이 아닙니다. 우리의 자녀들이 성장했을 땐 아마도 '주식투자'나 '배당주투자'에 대한 개념쯤은 기초 지식이 되어 있을 거라 생각합니다. 지금의 미국 사람들처럼 말이죠.

저에게 주식시장은 항상 즐겁고 흥미로 가득 찬 세계입니다. 주식장이 상승선을 타고 올라갈 때는 상승장을 즐길 수 있어서 좋습니다. 또 원화를 비롯해 미국달러, 중국위안, 홍콩달러, 베트남동까지 다양한 외화를 배당금으로 받을 수 있습니다. 폭락이나 조정장이 오면 그때도 좋습니다. 그동안 비싸서 사지 못했던 주식들을 낮은 가격에 매수할 수 있는 신나는 바겐세일장이 되기도 합니다.

저의 계좌들은 우리나라 최고 기업의 주주로서 총회에 참석할 수 있는 기회를 주고, 세계적인 기업의 주인이 되게 해주며, 성장 잠재력이 높은 기회의 땅에 깃발을 꽂을 수 있게 해줍니다.

저는 독자분들과 비슷한 평범한 월급생활자이고 매달 적자를 고민하며 가계부를 쓰는 평범한 사람이지만 주식에 투자하는 것을 즐기는 사람이고 준비가 돼 있는 사람이라면 누구나 주식투자를 잘 할 수 있다고 생각합니다.

이 책에는 화려한 차트의 기술이나 그래프는 나오지 않습니다. 단타의 기술이나 극비 투자 정보가 서술되어 있지도 않습니다. 원금 손실이 있는 주식의 속성을 잘 이해하고, 장기투자가 가능한 좋은 기업에 투자한다면 은행 적금보다 나은 목돈을 만들 수 있고 내 자식의 등록금을 만들 수도 있으며 노후연금도 미리 준비할 수 있다는 것을 알려주고자 합니다. 주식투자를 성공적으로 이끌어나가고 있는 제 주위 사람들의 성공담과 실패담을 통해 이것이 실현 가능한 일임을 전하고 싶었습니다. 무엇보다 주식은 '잃는 게임'이 아니라는 것을 알려드리고 싶었습니다.

누구나 읽기 쉬우면서도 실행할 수 있게 만드는 주식책을 써보자는 마음으로 이 책을 집필했습니다. 모든 독자분들이 자신만의 투자법을 바탕으로 성공적인 포트폴리오를 만들어 주식투자를 통해 지속가능한 수익창출의 기회를 찾으시길 꿈꿔봅니다.

프
롤
로
그

8 | 흔들리지 않는 나만의 투자원칙, 포트폴리오 만들기

1

나에게 선물하는 경제적 자유, 주식 투자

주식시장은 적극적인 자에게서
참을성이 많은 자에게 돈이 넘어가도록 설계되어 있다.
- 워런 버핏

Make Money
in Stocks

주식은 겸손합니다

많은 사람들이 말립니다. 주식하지 말라고, 주식에 투자해서 돈 번 사람 못 봤다고요. 대개 많은 사람들이 생각하는 주식하는 사람의 이미지는 PC 모니터 여러 대에 창을 가득 띄워 놓고 종일 차트만 들여다보고 있는 트레이더나 단타매매자들의 모습이 아닐까 싶습니다. 소문으로 듣고 산 주식으로 큰돈을 날린 아버지를 둔 독자분도 계실 겁니다. "부장님이 산 주식 이번에 상장폐지됐대!"라며 키득거린 점심시간이 떠오를 수도 있습니다. 우리 주위에는 주식에 투자해서 손해를 본 사람들의 일화가 많습니다.

하지만 정말 주식이 패가망신하는 길일까요? 저는 적은 돈으로 주식을 시작해 큰돈을 번 사람들을 많이 봐왔습니다. 그리고 저 역시 엄청나게 큰 수익은 아니지만 목표한 금액 이상의 수익을 달성하고 있습니다.

제가 만난 주식으로 큰돈을 번 사람들은 모두 겸손했습니다. 수익이 큰 데도 주가는 늘 바뀌는 거라며 자랑하지도 않습니다. 지속적으로 계좌를 늘려가고 있었으며, 상승장과 폭락장을 두루 겪었기에 단기적인 시장 상황에 일희일비하지 않고 함부로 미래를 예측하지 않으며, 다른 사람에게 섣불리 조언하지도 않습니다. 마치 파도가 잔잔하든 태풍이 몰아치든 바닷길을 읽으며 조업을 나가는 어부처럼요. 주가가 오르면 보유한 주식 가치가 올라서 좋고, 주가가 떨어지면 좋은 주식을 싸게 살 수 있어서 좋습니다. 계속 업데이트되는 경제 뉴스에 귀를 기울이며 거시경제와 금융 공부, 기업 공부를 손에서 놓지 않습니다.

주식은 전문가들의 영역일까요? 그 누구도 성공할 수 없는 도박일까요? 또는 내부자가 있거나 좋은 정보에 접근할 수 있는 사람들만 돈을 벌 수 있는 시장일까요? 그렇지 않습니다.

큰 자본 없이도 준비된 사람에게는 연금이 될 수도 있고 종잣돈이 될 수도 있는 유일한 투자처입니다. 저는 주식이 돈을 많이 투자하는 사람이 이기는 게임이 아니라, 적절한 타이밍에 투자해 오래 가져가는 사람이 승자가 되는 시장이라는 것을 이 책에서 알려드리고자 합니다.

주식이란?

주식회사는 주식을 발행해 기업이 운영하는 데 필요한 자본을 불특정 다수의 투자자로부터 광범위하게 조달받습니다. 기업은 투자자에게 이자를 주거나 원금을 갚아야 할 의무가 없이 돈을 빠르게 확보할 수 있고 원금 상환 등의 부담이 없습니다. 투자자는 경영 위기 등에 따른 책임을 지지 않아도 됩니다(물론 투자자는 원금 손실의 위험이 있습니다). 예전에는 종이로 된 증서를 교환했지만 지금은 데이터로 거래합니다.
주주는 회사로부터 이익 배당을 받을 권리, 주주 총회의 의결에 참가할 수 있는 권리, 회사가 해산할 때 잔여재산의 분배를 받을 권리가 있습니다. 비상장된 작은 주식회사가 규모가 커지고 더 큰 투자를 받기 위해 선진적인 법적절차를 밟아 기업공개를 하는데 이를 상장(IPO)이라고 합니다. 상장을 하면 큰 시장에서 대량으로 투자를 받아 많은 자금을 조달할 수 있고, CEO는 보유한 주식으로 큰 수익을 얻습니다.

Make Money
in Stocks

너는 왜 주식을 하니?

2013년 즈음 제 20년지기 친구가 저에게 "왜 주식에 돈을 묶어놓고 부동산 투자는 안 해?"라고 물은 적이 있습니다. 당시 제 계좌에는 약 4,000만 원 정도의 주식잔고(평가금액)가 있었는데 그 돈을 그냥 묶어두긴 아깝다는 것이었습니다.

그렇지만 4대보험이 적용되지 않는 프리랜서 학원강사인 저에게는 고액대출이 불가능할뿐더러 2013년 당시 살고 있던 동작구 아파트는 시세가 4억 원 이상을 넘어가고 있었습니다. 시세의 10%밖에 안 되는 현금으로 아파트에 투자한다는 것은 당시 저에게 리스크가 큰 선택지였습니다. 부동산은 시작할 때 큰 자본이 필요합니다. 평생을 바쳐 모은 돈에 은행 빚까지 안고 사야 합니다. 주식처럼 손가락 한 번 움직여서 할 수 있는 투자가 아닙니다.

적은 자본으로 배당금까지 받으며 투자할 수 있는 투자처는 역시 주식밖에 없습니다. 현재 제가 가진 주식의 총평가 금액을 지인들에게 이야기하면 "네 계좌에는 경기도 신축 아파트 한 채가 들었구나"라는 이야기를 듣습니다. 물론 그들이 과장해 이야기한 부분도 있지만 제 자산의 일 순위는 아파트가 아닌 주식계좌입니다. 제 자산은 직접투자인 주식뿐만 아니라 펀드와 ETF 등 간접투자 상품도 포함되어 있습니다. 전체 자산을 총 100%로 잡았을 때 한국주식 15%, 중국본토주식 35%, 홍콩주식 15%, 미국주식 10%, 베트남주식 20% 그리고 펀드와 ETF가 5% 정도의 비율입니다.

미국주식은 보통 배당을 목적으로 하는 리츠주식을 주로 보유하고 있었습니다. 이번 코로나19 사태에 미국장이 30% 넘게 급락하면서 위기를 맞기 직전에(팬데믹이 선언되기 전) 리츠주에서 30% 정도의 이익을 얻고 빠져나와 미국 우량주인 마이크로소프트와 스타벅스를 매수했습니다. 물론 달러가 저렴했을 때 사둔 주식이었기에 치솟는 달러값에도 저는 예전 달러값으로 주식을 싸게 살 수 있었습니다. 많은 투자자들이 폭락장의 공포에 질려 주식을 팔아치울 때 저는 리츠주를 매도해 차익을 실현한 후 그간 비싸서 사지 못했던 우량주들을 30~40% 저렴한 가격에 매수했습니다.

미국 우량주와 더불어 코로나19 직전까지 뜨겁게 달아올랐던 우주여행분야의 주식들도 조금씩 매수했습니다. 여행, 항공기, 호텔 분야가 직격탄을 맞으면서 그간 꾸준히 지켜보던 버진갤럭틱홀딩스도 주가가 반토막이 나 분할매수를 했습니다. 미국주식뿐 아니라 한국 대표 우량주도 평소에 비해 20% 정도 저렴한 가격에 약 100주 정도를 추가매수했습니다. 배당금을 받는 시즌에는 다시 재투자가 가능하니 꿩 먹고 알 먹기입니다.

출렁이는 글로벌 주식시장의 파도를 잘 탄다면, 우리가 흔히 말하는 "무릎에서 사고 어깨에서 팔아라"를 실현할 수 있습니다. 한국장이 하락할 때는 그간 못 샀던 주식들을 쇼핑하고 베트남이나 중국에 악재가 있어서 조정을 받으면 적절하게 사들이는 방법으로 말입니다. 특히 이번 코로나19와 같이 모든 나라의 주식시장이 하방으로 향하고 있을 때는 순위를 정해놓고 선택과 집중을 했습니다. 욕심이 과하면 늘 화를 부르는 법이기 때문입니다.

다음은 코로나19 사태 때 제가 주식을 사들인 원칙입니다.

1. 비교적 선방하고 있는 중국, 홍콩주는 매수를 천천히 하거나 하지 않는다.
2. 미국 우량주가 낙폭이 크므로 리츠, 성장주보다는 우량주를 우선 담는다.
3. 달러가 비싸므로 이중환전이 필요한 베트남, 인도네시아는 매수에서 제외한다(단, 환율이 떨어질 때까지로 제한한다. 어차피 이머징은 외국인이 돌아와야 상승이 시작되기 때문이다).
4. 한국주식은 시가총액 1위 기업에 한정해 15~20% 떨어진 가격이면 꾸준히 분할매수를 시도한다.
5. 유럽은 환전이 필요하고 낙폭이 과대하니 ETF 상품을 한화로 매수한다.

물론 위의 내용은 저만의 규칙으로 읽는 독자분들도 자신만의 규칙을 세우는 것이 필요합니다. 이 부분은 뒤에 포트폴리오 만들기에서 상세히 언급 드리겠습니다.

그렇지만 모두에게 해당하는 규칙이 있습니다. 바로 '종잣돈 모아두기'입니다. 현금을 미리 준비해둔 자만이 하락장에 쇼핑할 수 있기 때문입니다. 제가 코로나19 사태에도 미국 우량주와 중국 그리고 한국주식과 유럽 ETF까지 담을 수 있었던 큰 힘은 바로 종잣돈을 모아두는 습관 때문이었습니다. 보통 주식계좌에 400~500만 원은 예비금으로 준비해두는 편이고 이외 꾸준히 주식투자를 위한 적금을 가입해 1,000만 원 정도의 총알을 준비해두었기에 평소 관심을 두었던 우량기업의 주식을 저렴한 가격에 재빨리 사들일 수 있었습니다.

코로나19 사태든 9·11 사태든 서브프라임 사태든 세계 금융 시장이 아무리 휘청거려도 시간이 지나고 사람들이 제자리를 찾으면 주식도 제자리를 찾습니다. 코로나19 사태 때는 사람보다 주식이 더 빨리 제자리를 찾은 것 같기도 합니다.

Make Money
in Stocks

은행 주식 배당금이 적금 이자보다 많을 걸요

한국의 기준금리는 점차 낮아져 사실상 제로금리가 되었습니다. 시중의 예·적금 금리도 1%대로 떨어졌습니다. 연이자 1.5%를 주는 적금에 매달 100만 원씩 적금을 넣어도 세금을 제하면 받는 이자는 8만 원 남짓입니다. 평범한 사람들을 위한 기본적인 자산증식 방법이 사라진 셈입니다.

대신 우리는 은행이라는 기업에 대한 많은 정보를 알고 있습니다. 이 은행은 전반적으로 이용하기 편리한지, 스마트폰 앱 이용이 타 은행에 비해 불편하지는 않은지, 금융 트렌드에 민감하게 반응하는지, 새로운 특판상품이 잘 출시되는지 등 그동안 저마다 은행을 이용하면서 느낀 생각들이 있을 겁니다. 그렇기에 은행은 비교적 쉽게 접근해볼 수 있는 주식 종목입니다.

은행주는 보수적인 주식 종목입니다. 등락이 매우 큰 다른 산업주들과는 달리 묵직한 흐름을 보입니다. 은행주의 큰 장점은 높은 현금 배당률입니다. 현재 우리나라 은행주식 중 시가총액 1위인 KEB하나은행의 경우 2020년 상반기 배당수익률이 8%를 넘었습니다.

주식 투자는 큰돈을 들이지 않아도 괜찮습니다. 매달 청약통장에 10만 원을 이체하듯 내가 관심 있는 종목을 몇 주씩 사보는 습관을 지녀보세요. 쌀 때 많이 사고 비쌀 때 지켜보면 되지 않겠냐고요? 언제가 싸고 언제가 비싼지는 사실 아무도 모릅니다. 한참 시간이 흐른 뒤 뒤돌아보면 '그때가 저점이었구나' 하고 알 수 있을 뿐입니다. 시간을 두고 매달 한 주씩 매수하는 것은 변동성이 심한 주식 시장에서 리스크를 경감시키는 역할도 합니다. 세계 경제에 눈이 떠지고 관련 산업에 정통해지는 것은 덤입니다.

덤으로 따라오는 배당금의 매력

적금에 이자가 붙듯 주식도 이자처럼 들어오는 돈이 있습니다. 바로 배당금입니다. 배당금은 해마다 또는 반기, 분기마다 기업이 주주에게 이익을 나누는 분배금으로, 자기 기업에 투자해준 주주들에게 감사를 표하고 주식을 장기간 보유하도록 인센티브를 제공하는 개념입니다. 결산을 마친 회사가 이익 중 일부를 주주들에게 현금이나 주식으로 지급합니다. 배당금 액수와 횟수는 주주총회를 통해 결정되기 때문에 기업마다 다릅니다. 갖고 있는 주식의 배당 내역이 궁금하다면 증권정보포털 세이브로(seibro.or.kr)에서 확인할 수 있습니다.

주식계좌의 잔고가 늘어날수록 배당금 역시 중요해집니다. 전에는 주식투자를 해서 이익을 보는 것이 가장 중요한 목표였지만, 마음의 여유가 생기면 자연스럽게 배당금에도 관심이 생기게 됩니다.

머니메이트(앞으로 책에 머니메이트의 이야기가 많이 소개됩니다. 머니메이트는 저의 주식 투자 수업을 듣거나 주식을 매개로 교류하고 있는 돈 친구들을 말합니다) J는 주식 투자가 두려운 새내기 투자자였습니다. 펀드에 가입해서 20~30%의 수익을 봤던 적도 있지만, 보험사 직원의 권유로 들었던 것이기에 펀드의 이름조차 기억하지 못했습니다. 그마저도 환매 시점을 놓치는 바람에 2년째 마이너스 수익률을 보고 있는 상태였습니다. J는 적은 수익을 얻더라도 비교적 안전한 기업에 투자하고 싶어 했고 , 무엇보다도 원화 배당을 받고 싶어 했습니다.

저의 조언으로 J는 은행주를 조정기에 매수했는데 주가가 안정기에 들어서자 20%의 수익을 내고 배당을 기다리는 중입니다. 배당을 받으면 다시 은행주를 매수해 내년 배당금은 더 많은 금액을 받길 기대하고 있습니다. 꾸준히 적은 자본으로 매수를 계속해나갈 예정이라고 하니 5년, 10년이 지나면 두둑한 배당금을 쌓아둘 수 있을 겁니다.

은행 적금 이율이 1%대이고 점차 제로금리 시대로 달려가는 시국에 3~4%대의 삼성전자 배당률과 미국 고배당주의 7%~8%에 달하는 배당률 그리고 중국 은행주의 4~5%의 배당률은 무시할 수 없는 매력적인 존재임에 틀림이 없습니다. 더군다나 배당금을 계속 재투자한다면 복리 효과까지 누릴 수 있습니다. 저의 목표는 노후에 배당금으로 여유로운 생활을 누리는 것입니다. 제가 주식투자를 하는 최종 목표이기도 합니다.

아파트값이 20% 올라 박수칠 때 주식은 100% 오릅니다

주변에서 아파트값이 올랐다며 자랑하는 사람은 많은데 왜 주식 올랐다고 자랑하는 사람은 보지 못했을까요. 부동산에 투자하듯 주식에 투자하지 않아서입니다. 우리는 아파트나 건물을 샀을 때 값이 오르지 않는다고 한두 달 만에 팔지는 않습니다. 오히려 재산세나 각종 세금을 내고, 관리비와 수리비 등을 들여 투자를 이어갑니다.

그러나 주식을 하기 시작하면 사람들은 조급해합니다.

"왜 안 오를까."

"이거 지금 빼지 않으면 더 큰 손해를 보지 않을까."

"세계 대공황이 찾아온다는데, 현금을 보유해야 하지 않을까?"

지금부터 제가 들은 슈퍼개미의 이야기를 들려드릴까 합니다. 평범한 직장인이었던 분이 90년대부터 꾸준히 삼성전자 주식을 적금을 붓듯 매수한 사례가 화제가 된 적이 있습니다. 주가가 급등하거나 폭락했을 때도 적금을 붓듯이 매수했다고 합니다. 2010년 이후 그 투자자의 수익은 부동산 투자자의 수익과는 비교할 수 없었습니다. 또 다른 한 사람은 투자자들 사이에서도 꽤 유명한데 삼성전자 본주에만 꾸준히 투자하여 3,141%의 이익을 낸 분입니다. 총평가금액은 어떻게 읽어야 할지 난감할 만큼 큰 금액이었습니다.

제 지인 중 한 명은 화장품을 좋아했습니다. 코스메틱 덕후였던 그분은 퇴근 후 백화점 1층 화장품 매장에서 제품을 테스트해보며 시간 보내는 것을 좋아했습니다.

하루는 백화점에서 LG생활건강의 '후' 화장품을 50만 원어치 세트로 샀다는 말을 하기에 저는 그분에게 LG생활건강 주식을 사보라 권했습니다. 하지만 그분은 샀으면 진작 샀어야 했다며, 이미 주가가 너무 많이 올라 매수하기엔 늦었다고 이야기했습니다. 당시 2010년 초 LG생활건강 주가는 40만 원대였습니다. 글을 쓰고 있는 현재(2020년 4월 24일) LG생활건강 주가는 140만 원이 넘습니다.

삼성전자 역시 2000년 1월 기준 주가가 30만 원 이하였는데, 2013년엔 150만 원을 상회하는 기염을 토했습니다. 그 후 200만 원을 돌파한 후 액면분할되었습니다. 미국의 넷플릭스는 10년간 5096.6% 성장했고 아마존은 1139.8% 성장했으며, 애플은 522.8% 성장했습니다. 스타벅스와 구글은 각각

268.7%와 192.2%의 성장률을 기록했습니다. 찾아보면 몇 년 사이 폭발적인 성장을 한 기업이 무수히 많습니다. 또 앞으로도 새로운 기업들이 신화를 만들어낼 것입니다.

오늘날 투자자들은 적은 금액으로도 스마트폰 속 편리해진 증권사 시스템을 이용해 세계적 기업의 주주가 될 수 있습니다. 그런데도 좋은 결과를 보지 못한 이유는 부동산처럼 진득하게 투자하지 않기 때문입니다. 집을 사서 시세차익을 보겠다고 한두 달 만에 이사하는 사람은 드뭅니다. 대부분은 적어도 1~2년은 기다립니다. 하지만 주식시장에는 하루 단타 또는 일주일 내에 수익을 보겠다며 투자하는 사람들이 정말 많습니다. 반나절 사이에 급격히 오르내리는 가격은 진정한 기업가치가 아닌 기사와 화제성, 기대감으로 오르내리는 거품일 뿐입니다. 물론 그것도 주식 투자의 한 방법이지만, 생업이 있는 일반인들이 따라하기는 어려운 분야입니다.

기업 직원들이 매일 출근해서 신사업을 기획하고, 가치를 만들고, 좋은 상품을 만들고, 멋지게 디자인해서 좋은 마케팅을 펴기까지는 물리적인 시간이 필요합니다. 오랜 시간 공들여 출시한 제품이 고전을 면치 못하기도 합니다. 하지만 그것은 모두 기업의 자산이 될 겁니다. 우리는 이 모든 것이 누적

된 최고의 기업 가치에 투자해야 합니다.

간혹 투자를 시작하기엔 너무 늦었다면서 미리 포기하는 사람들을 만납니다. 또는 돈 되는 확실한 정보를 사서 투자를 감행하는 이들도 있습니다. 이들은 300~400만 원 가량의 금액을 지불하고 일명 리딩방(자칭 주식 전문가라는 사람이 카카오톡이나 밴드 등의 채팅방에서 고액의 비용을 받고 주식 거래 코칭을 하는 무료 또는 유료 회원방을 뜻합니다. 하지만 일부 리딩방 운영자들이 여러 채팅방에서 본인이 주식을 산 후 회원들에게 시간차를 두고 같은 주식을 권한 후 가격을 상승시켜 시세차익을 얻는 도구로 이용하는 등 부작용이 불거지기도 했습니다)이라 불리는 곳에 들어가 돈을 잃기도 합니다.

투자를 하기 좋은 시기란 따로 존재하지 않습니다. 배우려는 노력과 내 자산을 신중하게 관리하고 잘 투자하고자 하는 의지 그리고 요행을 바라지 않는 마음만 있다면 얼마든지 시작할 수 있습니다.

Make Money
in Stocks

주식 투자, 계좌 개설이 반이다

작년에 3명의 새싹 머니메이트를 대상으로 수업을 했을 때 저는 계좌개설이 그렇게 어려운 일인가? 하는 생각을 한 적이 있습니다. 제가 만난 새내기 메이트들이 공통적으로 계좌 개설을 차일피일 미루고 있었기 때문입니다. 그들 중 한 명은 이미 P2P투자와 펀드투자를 섭렵하고 중국 상하이지수와 항셍지수 구별이 가능해 새싹이라고 볼 수 없는 메이트였습니다. 또 한 분은 온라인으로 계좌를 개설했지만 보다 체계적으로 계좌를 관리해줄 수 있는 증권사를 찾고 있었습니다. 저는 이들을 묶어서 제 담당자가 있는 증권사로 보냈습니다. 일단은 뭔지 몰라도 자녀계좌를 포함해 국내계좌와 해외계좌를 개설하도록 필요서류를 챙겨 가시라고 등을 떠밀었습니다.

해외주식계좌는 국내주식계좌와 별개입니다. 새로 한 계좌를 더 만들어야 합니다. 처음 증권회사에서 신규 계좌를 만들 때 해외계좌까지 같이 만드는 것이 좋습니다. 보통 해외주식 하면 미국, 베트남, 중국, 홍콩, 일본 시장을 거래하는 편인데 최근 들어서는 인도네시아와 유럽주식도 직구로 매수하는 사람들이 많아졌습니다.

그들은 증권회사 창구에 가서 사인을 하고 비밀번호를 입력하고 ID를 만드는 일을 30분 간 반복해 국내주식과 해외주식 거래가 가능한 본인계좌와 자녀계좌를 개설했습니다. 그리고 스터디를 시작한 지 꼭 한 달 만에 모두 실전 투자자가 되었습니다. 생각은 있었지만 실행을 못 했던 것뿐입니다. 계좌 개설이 투자의 반입니다.

처음 주식계좌를 만드는 사람이라면 어느 증권사의 수수료가 저렴할까? 어느 증권사에서 이벤트를 많이 하나? 이런 고민을 하시는데 가까운 증권사로 찾아가시기를 권합니다. 주식계좌 개설은 은행 통장 개설보다 까다롭지 않아서 얼마든지 나

중에 새 증권사의 계좌도 개설할 수 있으니 말입니다. 이용하던 증권사의 거래 시스템이 마음에 들지 않는다면 다른 계좌로 옮길 수도 있습니다. 첫 시작이 중요합니다. 증권사 홈페이지에 들어가면 비대면 온라인으로 개설할 수도 있지만 증권사도 둘러볼 겸 오프라인 개설을 더 권해 드리고 싶습니다. 자녀계좌는 오프라인 지점을 방문해야 개설이 가능합니다.

미성년 자녀 주식계좌 개설 시 필요한 서류

1. 가족관계증명서(3개월 이내에 발급된 증명서로 주민등록번호가 보이게 발급받아야 합니다)
2. 자녀명의 기본증명서(상세)
3. 주민등록초본(증권사에 따라 다름)
4. 아이 부모 신분증
5. 거래도장(자녀의 계좌여도 부모의 거래도장을 사용할 수 있습니다. 그러나 대부분의 부모님들이 자녀의 도장을 지참하는 편이라고 합니다)

■ 미성년 자녀에게 증여할 때는 10년간 2,000만 원까지 비과세입니다.

Make Money
in Stocks

해외주식을 하려면 미리 환전해야 하는 이유

무역업을 하시며 해외출장이 잦았던 저희 아버지는 늘 007 가방 안에 달러를 여유 있게 준비해두시곤 했습니다. 1997년 IMF 사태 당시 2,000원대로 달러가 폭등했을 때는 900원대에 미리 환전해두었던 달러를 들고 출장을 떠나셨습니다. 어린 마음에도 2,000원에 가깝게 오른 환율이 어쩐지 무섭다고 생각했습니다. 외환위기가 극복되고 환율은 제 자리를 찾아서 다시 900원대로 돌아왔습니다. 그때 저는 달러 같은 기축통화는 비쌀 때를 대비해 저렴할 때 비축해야 한다는 것을 깨달았습니다. 여전히 저의 아버지는 달러와 유로, 엔화 등이 저렴할 때 습관처럼 환전을 해서 보관하고 필요할 때 요긴하게 사용하십니다.

언제 찾아올지 모르는 바겐세일을 온전히 누리기 위한 준비

중국, 미국, 호주에서 근무하시는 분 중 주식으로 저축을 한다는 분들이 꽤 있습니다. 중국 위안화, 미국 달러, 호주 달러로 월급을 받으니 그 나라에서 환전 없이 좋은 주식들을 사서 모을 수 있다는 것이 큰 매력이라고 했습니다.

제가 만났던 호주 메이트는 주식은 전혀 모르고 지냈고, 호주달러가 미국의 달러만큼이나 값어치 있는 것 같지는 않다고 했습니다. 또 주위 친구들은 워킹홀리데이를 하며 모은 돈을 여행, 유흥, 쇼핑으로 써버리기 바빴기에 조언받을 사람도 없었습니다.

호주 메이트 님은 공부 끝에 월급으로 받은 호주달러로 호주주식을 샀습니다. 청정지역인 호주는 깨끗한 목초를 먹은

소들이 좋은 우유를 생산해 버터와 치즈, 요거트가 맛있기로 유명합니다. 호주 메이트 님은 호주를 대표하는 분유회사인 뉴오리진 주식을 샀습니다. 아무 정보 없이 묻지마 투자를 한 것은 아니었습니다. 이 회사에서 판매하는 A2분유는 배앓이가 없기로 유명했는데 부유한 중국인 부모들이 이 분유의 충성심 높은 고객이었습니다. 분유의 프리미엄 라인이 중국 수출로 흑자를 보고 있는 것을 투자가치로 보았다고 합니다. 중국인 관광객들이 호주마트에서 분유와 유제품을 싹싹 긁어가는 것도 직접 보았다고 했고요. 중국뿐 아니라 한국 등 여러 나라에서도 입소문이 나 있다고 덧붙였습니다.

우리에겐 환전을 하지 않고도 투자할 수 있는 한국의 코스피, 코스닥이 있습니다. 그렇지만 해외에서 미래가치를 보신 분들이라면 미리 관심을 가지고 저렴할 때 환전을 해놓는 것도 현금을 모으는 방법입니다. 환전은 사고팔수록 손해입니다. 그리고 글로벌 시장이 흔들릴 때는 환율이 치솟을 확률이 높습니다.

한국 돈으로 평소 200만 원 전후로 눈여겨보던 아마존 주식이 코로나19 사태로 인해 정말 싼 가격으로 살 기회가 생겼는데 환율이 1,200원을 훌쩍 넘겨서 그 세일가를 온전히 누리지 못했다는 메이트들의 아쉬움을 들었습니다. 해외주식에 관심이 있다면 매달 10~20만 원씩이라도 미국 달러를 비축해두시길 조언드립니다. 그래야 국제 정세 하락장에서 내가 원하는 글로벌기업의 주식을 세일가에 구매하는 좋은 기회를 놓치지 않습니다.

여러 투자자를 만나다 보면 해외주식으로 미국투자를 하는 사람이 제일 많고 환전도 미국달러를 가장 선호합니다. 저의 경험으로 가장 많은 나라와 거래를 할 수 있는 증권사는 미래에셋대우증권이었으며 삼성증권, 한국투자증권도 많은 나라와 거래가 가능합니다. 인도네시아 거래는 한때 키움증권과 NH증권에서만 가능했지만 지금은 여러 증권사에서 거래가 가능합니다.

환전은 증권사마다 다른 이율이 적용되니 특정한 곳을 추천하기는 어렵습니다. 간혹 환전은 싸게 했지만 최소거래수수료가 비싼 경우도 본 적이 있습니다. 그런 우를 범하지 않으시길 바랍니다. 해외 우량주를 구입할 때는 금액도 크니 환전 관련 수수료를 꼼꼼히 따져보시길 바랍니다.

최소거래수수료와 일반수수료가 다르다고요?

저는 5년 전쯤 처음 미국주식을 매수했습니다. 마침 장이 불안정할 때라 등락폭이 컸고 유가는 땅으로 꺼져 들어갈 때였습니다. 당시에 애플이 세계 시가총액 1위 자리를 꿋꿋이 지키고 있을 때였는데 아주 좋은 가격에 매수했습니다. 1주에 90달러 이하의 가격이었습니다. 최고가 320달러 선을 넘었을 때도 있었으니 아주 현명한 매수라고 생각할 수도 있지만 웃지 못할 실수를 하고 말았습니다.

미국주식을 처음 매수했던지라 분할매수에 목적을 두고 하루에 한 주씩 7일간 총 7주를 샀습니다. 그런데 당시에 최소거래수수료가 2만 5,000원인지는 몰랐습니다. 한 주를 사도 2만 5,000원, 10주를 사도 2만 5,000원, 100주를 사도 2만 5,000원이었습니다. 7주를 사면서 썼던 수수료만 17만 5,000원이었습니다.

지금 제가 이용하는 증권사는 미국과 중국 그리고 홍콩장 거래 시 지불해야 할 최소거래수수료가 없어졌지만, 모든 증권사가 그런 것은 아닙니다. 베트남주식의 경우 대체로 1만 5,000~3만 5,000원 사이의 최소거래수수료가 존재하는데, 마케팅 차원에서 최소수수료가 적어지거나 없어지기도 하니 꼼꼼히 알아보시길 바랍니다.

돈 친구를 만드세요

여러분들은 지금까지 이 책 안에서 많은 머니메이트들의 이야기를 만나보시게 될 겁니다. 책에 소개된 머니메이트들의 경험담은 가공하지 않은 실제 이야기입니다. 읽는 분들도 머니메이트들의 실제 이야기가 생생하게 와닿고 이해하기도 쉬우며 흥미로울 거라 생각합니다.

머니메이트는 왜 필요할까요? 여러분 주변에는 재테크에 관심도 없고 주식은 도박이라 생각하며 부동산 가격도 비현실적이라 살 수 없다고 생각하는 분들이 있을 겁니다.

제가 만난 수많은 메이트, 멘토, 멘티 그리고 돈 공부 스터디 등에서 만난 대부분의 사람들은 주변에 그다지 자극을 받을 만한 사람이 없었다고 공통적으로 이야기를 합니다. 대부분 주식이나 부동산 투자를 시작하는 데 오래 걸리는 이유가 정보를 나누고 행동으로 이어질 수 있게 도와줄 '돈 친구'가 없기 때문입니다. 지금부터는 머니메이트가 왜 필요한지 어떤 머니메이트를 찾아야 하는지 이야기해볼까 합니다.

온라인에는 머니메이트를 구하려는 글들이 꽤 올라오고, 오프라인에서도 같은 목적을 가진 이들의 만남이 성사되곤 합니다. 그들 대부분은 투자경험이 없지만 배우고자 하는 열정이 큰 사람들인데, 특히 주식 투자법에 대해 궁금해합니다.

3개월 차 초보 주식 투자자 Y는 이전에도 참여했던 재테크 스터디가 있다고 했습니다. 모두 기초 입문자들로만 구성된 비슷한 또래의 20대 중반 스터디원 4명이 만났지만 얼마 후 그들은 쳇바퀴 돌듯 적금, 예금 그리고 생활비 줄이는 방법만 모색하다 곧 지루함을 느끼고 뿔뿔이 흩어지는 결말을 맞았습니다. 그 중 한 명은 "이렇게는 못 살겠다, 앞으론 재테크니 뭐니 생각 안 하고 현실을 누리면서 살아야겠다" 하고 탈퇴를 했답니다.
경험이 있는 누군가가 팀을 주도적으로 이끌어 실전의 세계로 입문시키고, 새로운 뉴메이트가 지속적으로 유입돼 침체돼 있던 기존 투자자의 열정을 끌어올려 줄 때 투자 스터디는 활력을 얻을 수 있습니다.

가지고 있는 것을 아낌없이 나누세요.
결국은 내 것이 됩니다

제가 스터디를 모집해서 만난 분들은 간혹 의아하다고 이야기합니다.
"왜 우리 같은 사람을 만나서 가르쳐주시나요? 혼자 공부해도 될 텐데요. 왜 귀한 정보를 나눠주시나요?"
주식투자를 10년을 했든 20년을 했든 개인 한 명의 정보와 생각만으로는 시장을 파악하는 데 한계가 있습니다. 같이 성장해 나갈 수 있는 사람들이 있어야 제 자리에 멈추지 않고 발전할 수 있습니다. 그래서 저는 꾸준히 스터디를 모집해 운영하고 있습니다.

저의 멘토 윤정훈 님은 특이한 분이었습니다. 누구에게나 계좌와 부동산 보유 내역을 공개하고 매매한 가격이나 현재 가격을 공개하는 것에 거리낌이 없었습니다. 그리고 특별히 요청하지 않더라도 사람들에게 필요할 것 같아 보이는 정보와 기사를 스크랩해 공유하기도 했습니다. 경기가 어려울 때는 건물 세입자들의 월세를 낮춰 고통을 분담할 만큼 마음씨 좋은 분이었습니다. 그가 늘 강조하는 이야기가 있습니다.

"사과 두 개를 두 사람이 맞바꾸면 각각 하나씩이지만, 성공의 아이디어를 맞바꾸면 서로 두 개씩 갖게 된다."

그래서 성공담과 실패담은 모두에게 중요합니다. 그분은 30대 후반에 은퇴하고 경제적인 자유를 얻은 이른바 '파이어족'(경제적 자립, 조기 퇴직을 일컫는 Financial Independence, Retire Early의 첫 글자를 따 만들어진 신조어)이었는데 은퇴 당시 그의 자산은 부채를 제외하고 약 200억 원이 넘었습니다. 그 후 그의 자산은 부동산, 월세, 주식, 배당금, 배당금의 복리이율 등이 더해지며 점점 늘어났고 지금은 은퇴 당시보다 자산규모가 30% 정도 더 늘어났다고 합니다.

이분에게 정보나 도움을 받은 분들이 자신의 전문 분야에 대해서 분석한 자료를 전하면 그분은 그것을 모두에게 공유합니다. 저는 그분의 마인드가 대단하다고 생각했고 따라 할 수 없을 것 같았습니다. 그러나 어느새 제 나름대로의 경험과 지식이 쌓이게 되자, 저도 그분께 배운 대로 실천하고 있습니다. 지금은 그분이 왜 그런 행동을 했는지 조금은 이해할 것 같기도 합니다.

가끔은 머니메이트를 만들고 함께 성장하기가 쉽지 않게 느껴지기도 합니다. 3~4개월쯤 스터디를 하면 어느 정도 지식이 쌓이고 실전 경험이 가능해집니다. 소액이라도 저가에 분할매수를 한다거나 또는 매수한 일지를 보면서 의견을 나누는 것도 가능해지고요. 다 같이 투자를 하고 도움을 받기 때문에 장이 좋지 않을 때는 의지도 됩니다. 그 정도 되면 '이 정보는 나만 알아야지. 다른 사람들이 하는 것 보고 나는 공개하지 말아야겠다' 또는 '다른 분들이 설명해줄 테니 나는 굳이 수고스럽게 품을 들이지 않아야겠다'라는 생각을 할 수 있습니다. 이런 생각을 하는 사람들은 어느 스터디에나 꼭 있습니다. 결국 한 명, 두 명 계좌 내역과 관심 종목을 숨기기에 급급해집니다. 결국 스터디는 어느 순간 배움의 불씨가 꺼지고 사라지는 수순을 밟게 되고 맙니다.

내 것을 아낌없이 나누세요. 결국 모든 것은 내 것이 될 것입니다. 받은 만큼 베푸는 아량은 가치투자의 기본입니다.

2

어떤 주식을 사야 할까요?

당신이 조금만 관심을 갖는다면 직장이나 마트에서
월스트리트 전문가보다 훨씬 앞서 굉장한 종목들을 골라 가질 수 있다.
- 피터 린치

Make Money
in Stocks

내가 이해할 수 있는 기업의 주주가 되세요

이 책을 읽는 독자분들은 대부분 생업이 있고 여윳돈으로 가치투자를 해서 시장금리를 이기고 싶은 마음일 겁니다.

주식투자는 사실 힘든 노동입니다. 마음먹고 초마다 변하는 주가창을 들여다보며 아침과 오후를 긴장속에서 보내고 나면 진이 빠집니다. 관심 있는 종목이 생겨 몇 년치 재무제표와 관련 기사들, 산업자료를 업데이트하고, 관련 경쟁사들의 추세를 공부하다 보면 본업에 소홀해지기 십상입니다. 감정노동도 포함됩니다. 오를 때는 시원하게 오르지 못해 화가 나고 주가가 내릴 때도 물론 화가 납니다. 우리는 전업투자가 아닌 생업이 있는 사람들의 투자이므로 매일 주식창을 들여다보며 투자하는 데 시간을 할애할 여유가 없습니다. 저는 새내기 메이트님께 이런 돌직구 질문을 받은 적이 있습니다.

"재무제표를 봐도 이 기업이 언제까지 유효할지 알 수 없다고 하시고, 차트도 완벽하지 않다고 하시고, 그럼 도대체 뭘 보고 기업을 골라서 투자를 해야 하나요? 오너리스크라든지 그 외에 우리가 알 수 없는 수많은 변수를 생각하면 너무 어려운데요."

많은 사람이 주식을 공부할 때 차트를 잘 보면 답이 나온다고 생각합니다. 틀린 말은 아닙니다. 단기 투자자의 경우에 차트 공부는 필수입니다. 그렇지만 그들이 차트를 잘 봐서 투자에 성공하는 것은 아닙니다. 차트로 어느 정도 추세를 읽을 수는 있지만 차트는 결국 과거의 지표입니다. 차트를 공부했다고 투자에 성공한다면 공부 잘하는 사람들은 전부 직장을 그만두고 다 전업투자를 하고 있겠죠?

관심 있는 기업의 재무제표를 공부겠다고 하는 분도 있습니다. 기업의 재무제표도 중요한 자료입니다. 꾸준히 영업이익을 내고 있지 부채는 얼마나 줄어들고 있는지 알기 위해서는 재무제표를 공부해야 합니다. 그렇지만 너무 여기에 얽매이면 곤란합니다. 기업은 자신들이 보여주고 싶은 것만 공개하지 회사의 문제점을 발표하지는 않습니다. 투자자들은 왜 이번 감가상각이 적절했는지, 미래 사업 투자를 위해 영업이익이 줄어들 수밖에 없었다는 등의 멋들어진 변명에 현혹되기도 합니다.

2020년 4월에 미국 나스닥에 상장된 중국의 국민커피 '루이싱커피'가 회계 조작이 드러나 상장이 폐지되었습니다. 까다로운 미국 주식시장에 상장까지 한 기업이 회계 비리로 상장폐지될 것은 예상하기 어려운 일이었습니다. 재무제표를 참고자료로 삼는 것은 좋지만 맹신하는 것도 위험합니다.

누구나 좋은 종목이 나에게 좋은 종목은 아니다

거창하게 말씀을 드리는 듯하지만 단순한 이야기입니다. 내가 평소에 관심이 있거나 종사하고 있는 분야가 있었다면 주식투자의 첫걸음은 쉬워집니다. 워런 버핏은 자신의 투자 원칙에 대해 다음과 같이 말했습니다.

“나는 내가 이해할 수 있는 단순 비즈니스에 투자한다. 리스크는 내가 무엇을 하고 있는지 모르는 것에서 발생한다.”

제 수업을 듣는 머니메이트 중 한 분이 장기투자 목적으로 엔씨소프트 주식을 사고 싶다고 저에게 의견을 물어왔습니다. 엔씨소프트는 좋은 기업이지만 문제는 그가 게임을 전혀 하지 않고 게임을 싫어하는 사람이라는 것이었습니다. 20여 년 전 스타크래프트가 유행할 때도 해본 적이 없다고 했습니다.

저는 그에게 엔씨소프트를 사서 수익이 날 수는 있다, 하지만 당신에게 맞는 주식 종목은 아니라고 조언해주었습니다. 엔씨소프트에서 새로 출시한 게임이 타사에 비해 얼마나 탁월한지, 시장성은 어떠할지, 회사 운영 방침이 어떻게 변화하는지, 소비자들의 반응이 어떠할지, 해외에도 인기를 얻을 만한 콘텐츠인지 파악하기 위해 다른 사람이 해석한 뉴스나 재무제표만 기다리고 있을 수 없습니다. 투자자가 직접 기업의 소비자이자 경영자가 되어야 합니다.

게임을 하지 않는 사람도 게임회사의 주주가 될 수는 있지만 해당 기업의 성장을 점치고 함께 성장할 수 있는 주주가 되어야 진정한 수익을 거둘 수 있습니다.

제가 강의하며 만나본 분 중 가장 주식에 접근하기 힘든 투자자는 좋아하는 산업분야도 없고 특별히 관심 있는 기업도 없는 분이었습니다. 그러면 그런 분들은 그냥 투자를 포기해야 할까요?

보수적이고 투자 경험이 전혀 없던 Y 님은 원금 손실이 예상되는 주식투자는 두렵다고 했습니다. 그러다 보니 자연스럽게 투자보다는 저축에 열을 올렸지만, 날이 갈수록 적어지는 이자율에 더 이상은 힘들겠다는 생각이 들어 주식공부를 해보기로 결심했습니다.

저는 Y 님과 신문 스크랩과 기본적인 펀드공부 그리고 환율과 해외주식 동향을 함께 공부한 후 그에게 관심 있는 기업과 산업에 대해 물어봤는데 난감한 대답이 돌아왔습니다.

"저는 그렇게 관심 있는 분야도 없고 알고 있는 기업이나 산업도 없어요. 그냥 저는 애견사업에 관심이 있고, 워낙 집순이라…."

"저는 남들이 그렇게 좋다고 말하는 삼성전자 주식도 관심이 없어요. 카카오나 네이버 같은 IT분야는 잘 모르고 무서워요."

저는 Y 님에게 어떻게든 다음 스터디까지 평소 많이 쓰고 이용하는 제품이나 서비스를 생각해오라는 숙제를 내주었습니다. 다음 스터디 때 그는 한결 밝아진 모습으로 자신 있게 이야기의 포문을 열었습니다.

"저는 보니까 지금까지 애플의 아이폰을 제외한 다른 핸드폰에는 관심이 없었던 것 같아요. 오직 아이폰만 좋아했어요. 태블릿PC도 아이패드를 쓰고요. 그러다 보니 자연스럽게 애플주식을 사고 싶다는 생각이 들었어요. 그리고 제가 알고 보니 디즈니빠였어요. 제가 디즈니를 정말 좋아하더라고요. 디즈니에 나오는 캐릭터들을 좋아하고 캐릭터가 컬래버레이션된 제품을 보면 꼭 사는 편이였어요."

물론 그렇다고 덥석 주식을 매수한 것은 아닙니다. 신중하고 꼼꼼한 성격이었던 Y 님은 관심 기업이 아무래도 해외기업이다 보니 조금 더 공부가 필요하다며 경제신문을 읽는 것을 시작으로 매일 다이어리에 환율과 해외지수동향, 코스피지수를 기록해 카카오톡으로 보내왔습니다. 저는 그에게 간접투자인 ETF도 공부해보라는 과제를 주었습니다. 이후 그가 대만여행에 다녀와서 했던 프리젠테이션은 무척이나 고무적인 내용이었습니다.

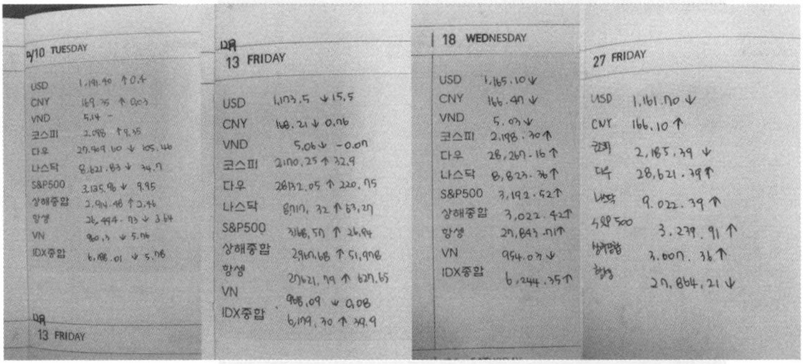

매일 다이어리에 환율, 코스피 등 경제지수를 기록해
카카오톡으로 보내준 사진들

"대만은 원래 배달 시스템이 우리나라처럼 활발하지는 않다고 들었어요. 이번에 여행을 갔더니 오토바이를 타고 음식을 배달해주는 우버이츠 앱이 성행이었고 저도 여행 내내 호텔에서 이 앱을 이용해 편하게 음식을 주문해 먹었어요. 관심 있게 보다 보니 새롭게 보이는 것들이 있더라고요."

무작정 수익을 따라가며 부화뇌동하는 투자자들은 절대로 주인의식을 가질 수 없습니다. 조금만 주위를 둘러보세요. 세상에는 내가 주인이 되길 기다리는 기업들이 많이 있습니다.

아이폰을 너무나 좋아한다고 했던 Y 님은 그동안의 경제 공부와 신문스크랩 자료를 바탕으로 첫 주식으로 애플의 라이벌 기업이자 한국의 대표 우량주인 삼성전자를 매수했습니다. 애플에 관심이 있으니 라이벌 기업에 대해서도 공부하고 분석하기 한결 쉬웠을 거라고 생각합니다. 2020년 3월 그는 삼성전자로부터 주주총회에 참석하라는 우편물을 받았다며 자랑스럽게 주주총회 참석장 사진을 찍어 보냈습니다. 앞으로 그는 차근차근 애플과 디즈니의 주주로 성장할 수 있을 것입니다.

Make Money
in Stocks

오래 보아야 예쁘다,
주식도 그렇다

주식투자를 하지 않더라도 주식 계좌는 시간을 내어 미리 개설하시길 바랍니다. 이번 코로나19 때 주가가 떨어지자 과거의 경험을 통해 스마트해진 개인 투자자들은 적극 매수를 했습니다. 증권사에 엄청난 개미들이 모여들었고 '동학개미운동'이라고 불릴 만한 붐이 일어났습니다. 갑자기 몰린 투자자들로 인해 계좌를 개설하는 것도 쉽지 않았고, 정말 간단한 매수 방법을 묻는 글도 커뮤니티에 올라오는 등 웃지 못할 일도 벌어졌습니다. 실제로 제가 아는 증권사 직원들은 말단 직원부터 지점장 할 것 없이 너무 괴로웠다고 합니다. 밀려드는 개인 투자자들의 계좌를 개설해주기도 바쁘거니와 기초적인 거래방법에 관한 문의도 쏟아졌으니 말입니다.

주식투자를 할 생각이라면 공부를 차근차근 하면서 미리 계좌를 개설하고 스마트폰 모바일트레이딩시스템(MTS, Mobile Trading System)과 친해지면서 그동안 내가 경제신문과 실생활에서 눈여겨 봐두었던 종목을 매일 확인하는 작업을 해보시길 바랍니다.

종목은 대표주와 관심주로 나누어 구분해두는 것이 좋습니다. 저는 한국주식 MTS에 다음과 같은 방식으로 그룹을 분류하고 하루 등락폭을 지켜봅니다. 유독 주가가 오르거나 떨어진 기업이 있다면 관련 뉴스와 경쟁업체 상황도 찾아봅니다.

나의 관심 종목 폴더

그룹 1. **서비스, 자동차, 기계**

그룹 2. **반도체, IT**

그룹 3. **코스닥 상장 기업**

그룹 4. **금융, 화학 관련주**

그룹 5. **항공, 에너지**

그룹 6. ETF

관심종목에 속한 기업들의 주가를 비교하면서 기준에 미치지 못하는 종목들은(오너리스크나 부채 비율 등) 삭제하고 새로운 뉴페이스들로 채워보기도 합니다. 주가를 들여다 보면 작은 악재에도 민감하게 반응하고 모든 상황에 예민하게 움직이는 주식이 있는가 하면 생각 외로 단단히 잘 버티고 엉덩이 무겁게 가는 종목도 있습니다.

요즘에는 주식거래 MTS에서 관심종목을 정하고 그 종목의 기업정보란을 눌러보면 기업개요와 재무정보, 경쟁사 비교까지 볼 수 있도록 정리가 되어 있습니다. 정말 투자하기 좋은 세상입니다. 자신만의 관심 종목을 만들어보시고 종목을 추가하고 빼면서 포트폴리오도 만들 수 있습니다.

저는 지금도 여전히 새로운 종목을 포트폴리오에 넣을 때는 2~3년씩 지켜보고 고민을 거듭합니다. 그리고 조정장이 올 때 매수를 시작합니다. 다른 사람의 투자경험담을 들어보기도 하고 관심종목에서 매일 주가를 체크하는 것을 잊지 않으며, 그 기업의 뉴스를 찾아보는 것도 게을리하지 않습니다. 투자 후에도 해당 기업의 서비스를 되도록 자주 이용하려고 노력합니다. 100%의 믿음은 금물이기에 늘 경계하며 내가 투자한 종목을 냉정한 시선으로 바라보려 합니다.

좋은 기업을 찾는 것이 쉽다면 누구나 투자에 성공했을 것입니다. 이것이 우리가 매수한 주식을 계속 지켜보고 생활 속에서 공부해야 하는 이유입니다. 다른 사람에게 좋은 주식이 당신에게도 좋은 주식이 되리라는 보장은 없습니다.

2018~2019년 미중무역 전쟁 때 저는 꽤나 많은 금액을 중국과 홍콩장에 투자했습니다. 그런 저에게 사람들은 미중무역 관계가 언제 개선될 줄 알고 그러느냐고 물어왔지만 저는 동요하지 않았습니다. 오랫동안 중국 펀드에 투자하며 보고 느꼈던 것을 바탕으로 신중하게 기업을 골랐고 폭락에 폭락이 거듭될 때 저렴한 가격으로 주식을 매수한 덕분에 큰 수익을 냈습니다. 200% 넘는 수익률을 기록한 주식도 두 개나 있었습니다. 저에게 당시의 조정장은 추가매수를 가능하게 해준 고마운 장이었던 셈이죠.

너무 자주 계좌 안부를 묻지는 마세요

제가 만났던 많은 분들은 "장기투자를 하면 손해 볼 일이 없겠지요?", "없는 돈이다 치고 생각하면 언젠가 수익 나지 않나요?"라는 질문을 합니다. 그러나 막상 폭락이나 조정장이 되면 하루가 멀다 하고 계좌를 열어보면서 문안인사를 올리게 되는 게 사람 심리입니다.

아니, 장기 투자자라면서요? 계좌가 조금 움직이는 것은 신경 안 쓴다면서요? 견물생심이라 했습니다. 많은 사람들이 자주 계좌를 열어보고 수익이 신통치 않을 때엔 자신도 모르게 '남들이 말하는 부동산 불패가 다 이유가 있구나, 내가 투자를 잘못했나?' 또는 '역시 주식으로 수익을 내는 것은 힘든 일인걸까?' 하는 생각을 하게 됩니다. 반면에 호재가 있고 시장이 좋을 때 계좌를 보면, '이제 슬슬 팔고 수익을 내볼까?' 하면서 샴페인을 터트릴 생각에 마음이 들뜹니다.

저는 정말 좋은 가격에 애플 주식을 매수한 적이 있습니다. (90달러 이하, 90조 원어치 애플 주식을 소유한 워런 버핏의 평단가는 140달러였습니다). 연일 최고가 경신이라는 이야기에 자주 계좌를 들추어보다가 220달러 선에서 매도를 하고는 이 정도면 잘한 거라며 스스로를 다독였었죠. 그런데 얼마 지나지 않아 애플의 주가는 300달러를 훌쩍 돌파했습니다. 사실 여유자금으로 투자했기에 어딘가에 당장 써야 할 돈이 아니었고, 다른 곳에 투자할 계획도 없었습니다. 충분히 이익을 보고 내 기준에 맞는 선에서 정리한 주식이면 후회하지 않는 게 맞지만, 계좌를 매일 열어보고 유혹에 흔들려 매도를 해버린 행동 그 자체는 너무나 후회가 되었습니다.

장기투자를 결심했다면, 특히 폭락장일 때는 너무 자주 계좌의 안부를 확인하지 마세요. 씨를 뿌리고 그다음 날 열매를 맺었다는 이야기는 들어본 적이 없으니까요.

Make Money
in Stocks

사두고 10년 묵히면 장기투자일까요?

“우량주를 산 다음 수면제를 먹고 몇 년간 푹 자라.”

유럽의 전설적인 투자자 앙드레 코스톨라니의 멋진 말이죠. 워런 버핏도, 주식으로 큰돈을 벌었다는 사람들도 대부분 장기투자를 강조합니다. 승자독식 사회라고 하죠. 기업도 마찬가지입니다. 대부분 우량한 대기업에 돈이 몰리고 대기업은 그 돈을 투자해 더 큰 이익을 창출해 초우량기업이 됩니다. 지금 우량주를 사서 오랫동안 묻어두면 대부분은 오릅니다.

하지만 우리는 자주 돈이 필요합니다. 저를 포함한 이 책을 읽는 독자들 대부분은 금전적으로 만족스러운 위치에 오른 사람들이 아닙니다. 열심히 돈을 벌면서 열심히 돈을 써야 하는 과정에 있는 사람들입니다. 살다보면 이사를 해야 하고 차가 말썽이라 바꿔야 할 때가 있습니다. 비싼 치과 치료를 받아야 할 때도 있고 갑자기 회사를 그만둬야 할 일이 생기기도 합니다. 적게는 100만 원부터 억 단위가 넘는 예측하지 못한 일상의 이벤트들을 마주하며 살아갑니다.

우리는 책에 나오는 부자 투자자들처럼 그렇게 먼 노후를 위해 가용 자원을 모두 주식에 묻어두고 살 수는 없습니다. 그래서 여윳돈으로 투자하는 것이 정말 중요합니다. 코로나19 사태로 보유한 주식이 30~40% 손실을 보는 상황에서 갑자기 급전 1,000만 원이 필요하게 된다면 큰 손실을 보고 매도를 할 수밖에 없습니다.

정보력, 투자 기술, 자금력 모두 부족한 개인투자자가 기관투자자나 외국인 투자자에 대항할 가장 큰 무기는 무엇일까요? 바로 시간입니다. 손실을 봐도 지켜낼 시간, 이것이 시장을 이기는 유일한 기술입니다. 그리고 시간으로 버티는 힘은 여유자금에서 나옵니다. 대출을 받는 등 빚을 내서 투자하면 절대 안 되는 이유입니다.

나의 주식 상장폐지 경험담

좋은 주식은 생각보다 많습니다. 지금도 이름난 대기업뿐 아니라 시장을 개척하며 실적을 내고 있는 중소기업들이 있습니다. 식상하지만 인내심 있는 사람이 수확을 거둘 수 있다는 것도 정말 맞는 말입니다. 앞에서도 다뤘지만 투자의 씨앗을 뿌리고 1,000배 또는 2,000배를 거둬들인 성공사례도 있습니다. 그렇다고 주식 용어로 누구나 '존버(엄청나게 버티기의 속어 표현)'한다면 엄청난 수익을 내서 성공한 투자자가 될 수 있는 걸까요?

저는 은행과 증권사에 자주 다니며 환전도 하고 새로 나온 적금과 펀드 상품을 소개받으며 은행직원과 친해지는 취미가 있습니다. 그래서 가방 안엔 늘 통장지갑과 도장 그리고 환율 계산을 위한 계산기가 들어있죠. 한번은 거래하던 증권사 직원분이 "어머, 이거 정말 본인이 다 한 거예요?"라며 제게 물어본 적이 있습니다. 2008년 폭락장에 샀던 우량주가 멋진 수익을 내고 있었기 때문이었습니다.

그때 처음 출시된 ELS라는 간접투자 상품을 알게 되었습니다. 제가 가입했던 ELS는 얼리버드 상품으로 종목이 3개 정도

묶여 있고 15%의 수익이 나면 상품이 일찍 종료되어 바로 현금화되는 상품이었습니다. 저는 우량주 위주로 묶여있는 상품을 거치식으로 가입하고 300만 원을 예치했습니다. 그리고 정말 30일도 지나지 않아 15% 이상의 수익을 거두었습니다.

그렇게 우량주는 다 좋은 줄만 알았던 저에게 시련이 온 것은 '한진해운'이 들어간 상품을 골랐을 때였습니다. 한진해운은 모기업이 대한항공이었고 국내 해운회사 1등, 해외 7위 규모의 회사였기에 아주 건실할 거라는 생각으로 투자를 하게 된 거죠.

하지만 몇 개월이 지나도 한진해운으로 실어 보냈던 제 수익률은 돌아오지 않았습니다. 수익이 나지 않으면 손실이 난 채로 원금을 뺄 수도 있었지만 2007년 서브프라임을 겪었던 바, 기다리면 오를 거라고 생각하며 시간에 맡겨버렸습니다.

하지만 한진해운에 관한 안 좋은 기사들이 경제신문에 한창 오르내리기 시작했습니다. 그래도 '설마 큰 회사가 망하겠어?' 하는 생각을 하면서도 불안한 마음이 가시질 않았습니다. 그렇게 투자를 유지하던 차에 증권사에서 전화를 받았습니다.

"더 연장하실 건가요? 아니면 해지해드릴까요?"

이번에는 연장이 아니라 해지를 선택했습니다.

눈물을 삼키며 손실을 보고 빠져나온 후 초유의 사건이 벌어졌습니다. 한진해운이 파산을 했고 주식이 휴짓조각이 된 것입니다. 2017년 3월 7일 상장폐지를 하루 앞둔 한진해운의 주가는 12원이었습니다. 2001년부터 투자를 시작했지만 코스피에 상장된 최고의 해운회사가 무너져 주식이 휴짓조각이 될 거라곤 생각해본 적이 없었었습니다. 충격이었습니다. 다행히 상장폐지 전에 빠져나와 가슴을 쓸어내리면서도 '존버'만 하면 다 괜찮아지는 게 아니라는 것을, 장기투자가 꼭 정답은 아니라는 것을 배우게 되었습니다.

10년 전 슈퍼스타는 차화정,
10년 후는 A.I.? 바이오?

주식에 관심 있는 분이라면 차화정이라는 말을 들어보셨을 겁니다. 자동차, 화학, 정유의 앞글자를 딴 말로 10여 년 전쯤 주식시장을 주도하던 업종이었습니다. 2011년까지만 해도 코스피 인기 종목에는 포스코 같은 제조업이나 선박과 같은 중공업 분야, 건설사 그리고 금융기업들이 올라 있었습니다. 그러다 2018년에 들어서며 삼성바오로직스나 셀트리온 같은 바이오 기업의 진출이 두드러지고 삼성전자와 SK하이닉스 등 반도체 기업의 자리매김이 굳건해졌습니다. 반면 건설주나 중공업 분야는 순위권 밖으로 밀려나기도 했습니다.

4차 산업혁명의 주인공이 될 기업과 삶의 질과 관련한 바이오주식이 각광받는 것은 당연한 듯합니다. 10년간 주가가 오르고 시가총액이 늘어난 종목을 살펴보면 반도체와 2차전지, 인터넷, 콘텐츠, 화장품, 바이오 등 구조적으로 시장이 커지는 업종에 속해 있습니다. 시장은 계속 변합니다. 그러니 주식을 사두고 묵혀둘 것이 아니라 장기적인 관점에서 포트폴리오를 점검해야 합니다.

각종 커뮤니티나 오프라인에서 만난 머니메이트들은 우량주에 장기투자하면 은행금리보다 나은 수익을 낼 수 있다고 배웠다며 자신만의 기준이나 목표를 세우지 않은 채 우량주라고 불리는 주식을 무작정 투자하곤 합니다.

삼성전자를 4만 원대에 매수하고 5만 원이 되자 이익을 냈다면서 아무 생각 없이 매도해버리고 매우 후회하는 이들을 여럿 만나보았습니다. 스스로를 "삼성전자를 단타하는 한심한 투자자"라는 표현을 사용했던 기억이 납니다.

한 투자자는 "삼성전자와 현대자동차는 대한민국과 운명공동체"라면서 묻지도 따지지도 않고 투자를 했다고 말해 제 간담이 서늘해졌던 기억도 있습니다. 이렇게 투자한 경우는 약간의 조정에도 견디지 못하고 안절부절하며 주식을 성급히 팔아버리거나 또는 주식계좌를 방치하다가 10년 후에도 별다른 수익을 얻지 못할 수도 있습니다. 한국을 대표하는 대기업이 한국과 운명공동체일 수도 있지만 5년 후, 10년 후에도 한국을 먹여 살릴 기업으로 남아 있을지는 아무도 모릅니다.

장기투자를 한다고 하더라도 내가 투자한 기업뿐 아니라 세계 정세 변화에 대해 관심을 갖고 꾸준히 공부해야 합니다. 왜 아마존과 테슬라가 우주항공산업에 거액을 투자하는지, 왜 페이스북은 리브라라는 가상화폐에 올인하는지, 스타벅스는 어떻게 핀테크 기업으로 거듭나고 있는지, 디즈니는 넷플릭스에 대항해 어떤 방향으로 훌루를 키워가는지 공부해야 합니다. 새로 출시된 신상품은 어떤지, 이번 분기 실적은 어떤지, 경영진이 어떻게 교체되고 무엇을 중점적으로 사업을 펼쳐나갈 것인지 촉을 세우고 항상 지켜봐야 합니다.

경제와 기업 경영 환경이 복잡해지는 요즘, 지금 우량주가 내년에 우량주라는 이름을 다시 달 수 있을지는 아무도 모릅니다. 오늘의 비우량주가 내년의 블루칩이 될지도 예측하기는 어렵습니다. 장기투자는 사두고 방치하는 것이 아닙니다. 장기투자할 목적으로 좋은 기업을 사두었다면 그 기업에 대한 관심을 꾸준히 유지하면서 상승장이나 하락장에 포트폴리오를 점검하시길 바랍니다. 포트폴리오 작성법은 이 책 마지막 챕터에 자세히 설명하겠습니다.

Make Money
in Stocks

ETF로 세계 주식을 내 품에

한국 코스피의 좋은 종목들만 골라서 사고 싶은 머니메이트 H는 스터디를 통해 주식을 처음 배우는 30대 전업주부입니다. 결혼을 늦게 한 탓에 아이가 어려서 계속 MTS를 보면서 주식을 매매하기 힘들다고 하더군요. 아이 때문에 신경 써서 매수하고 짬을 내서 공부하는 일이 쉽지 않았을 겁니다.

그는 삼성전자와 SK텔레콤 그리고 하이닉스, 카카오, LG생활건강을 오래전부터 공부해오고 있습니다. 하지만 이 기업들의 주식을 턱하고 살 배포는 없습니다. 한 주씩만 사더라도

200만 원 정도의 큰돈이 필요합니다.

저는 H에게 ETF(상장지수펀드, Exchange Traded Fund)를 추천했습니다. ETF를 공부한 그는 코스피 대형주를 담은 삼성자산운용의 KODEX코스피대형주 ETF를 골라 매수했습니다. 한 주에 만 원이 되지 않는 가격에 한국코스피 대형주를 담을 수 있었습니다. 때마침 세계적인 폭락이 와서 8,000원 정도에 H가 원하는 모든 한국 우량주를 계좌에 담을 수 있었습니다. 투자에 탄력을 받은 H는 비상금까지 모두 모아서 조정장에 꾸준히 투자하겠다고 다짐했습니다.

ETF는 펀드와 같은 간접 투자상품입니다. 투자자들이 개별 주식을 고르지 않아도 되는 펀드투자의 장점과, 언제든지 시장에서 원하는 가격에 매매할 수 있는 직접 투자의 장점을 모두 가지고 있는 상품으로 인덱스펀드와 주식을 합쳐놓은 세트 메뉴라고 보시면 좋습니다. 증권회사에서 만든 ETF 상품을 주식처럼 1주부터 당일 매매할 수 있습니다.

ETF의 장점

1. 수수료가 저렴하다(펀드에 비해 현저하게 낮다).

2. 환매와 매수가 모두 간편하고 빠르다.

3. 여러 가지 종목을 인덱스처럼 구성해 살 수 있다.

4. 투자 전문가가 구성, 운용해 개인의 투자보다 나을 수 있다.

ETF는 펀드의 단점을 보완해서 나온 간접투자 상품이죠. 한 강의에서 만난 머니메이트 S는 명품을 좋아했습니다. 신상품을 자주 구매할 뿐 아니라 여러 명품 기업들의 역사와 계보, 브랜드 스토리에 대해 잘 알고 있었습니다. 그는 이제 철마다 출시되는 가방을 사는 대신 명품 기업의 주식을 사고 싶다고 했습니다.

샤넬주를 사고 싶었지만 샤넬은 상장된 기업이 아니었습니다. 루이비통을 대표로 한 글로벌 대표 명품기업 LVMH의 주식을 사려고 봤는데 유럽국가라 환전도 해야 하고 전화로 매매를 해야 했으며 거래수수료도 4만 원 정도로 비쌌습니다. 또 서울에서 프랑스 기업의 경영 상황을 자세히 알기 쉽지 않은 점도 투자를 망설이게 했습니다. S는 차라리 샤넬백을 사서 샤테크를 하는 게 본인 스타일에 더 맞는 것 같다며 주식투자를 머뭇거렸습니다.

저는 해외 직접투자를 망설이는 그에게 역시 ETF를 소개했습니다. S는 본인의 취향에 맞게 럭셔리 브랜드로 구성된 ETF를 매수했습니다. LVMH, 포르쉐, 티파니, 호텔신라 등의 주식을 포함한 ETF였고 한화로 투자가 가능하며 한국주식거래 시간대에 거래가 가능했습니다. S는 자신이 잘 알고 있는 브랜드로만 구성된 상품이어서 매우 만족스러워했습니다.

ETF는 펀드처럼 국내운용사를 통해서 한화로 투자하는 상품도 있고, 해외 운용사의 ETF를 살 수도 있습니다. ETF도 주식처럼 거래되니 삼성증권사의 ETF나 미래에셋 ETF도 타 증권사에서 구매 가능합니다. 간혹 베트남 같은 이머징 마켓에 먼저 관심을 보이는 새싹메이트들이 있는데 그런 분들께도 펀드나 ETF를 이용해보고 직접 투자를 해보길 권하는 편입니다.

ETF는 종류가 많습니다. 투자되는 곳도 다양합니다. 국내 운용사별로 보면 다음과 같은 ETF 브랜드가 있습니다.

TIGER | 미래에셋대우증권이 운용

KODEX | 삼성증권 운용

KINDEX | 한국투자증권 운용

ARIRANG | 한화투자증권 운용

KB STAR | KB증권 운용

그럼 앞의 내용을 보고 다음 상품을 어디에 투자하는 것인지 알아봅시다.

Q1. TIGER 미국 다우존스30A

-미래에셋대우 운용, 미국 다우지수30 종목에 투자.

Q2. KODEX 선진국 MSCI WorldA

-삼성증권 운용, MSCI 선진국에 투자(MSCI란 모건스탠리가 발표하는 국제주가지수)

Q3. KINDEX 베트남 VN30A

-한국투자증권 운용, 베트남의 호찌민 상장주식에 투자

Q4. TIGER 유로스탁스 배당30A

-미래에셋대우 운용, 유럽 배당기업에 투자

Q5. KB STAR코스닥 150A

-KB증권 운용, 한국 코스닥 150종목에 투자

어렵지 않지요? 이 내용을 토대로 여러분들의 MTS에 들어가서 ETF 종목을 검색하면 투자정보와 운용사 그리고 투자한 기업의 정보들을 알 수 있습니다. 운용사를 지정하고 섹터를 분류하고 상세정보를 보면 가능합니다.

2020년 3월 10일 코로나19 사태로 이탈리아의 확진자가 만 명이 넘어섰고 이웃 나라인 독일, 프랑스의 확진자가 크게 늘어나면서 이탈리아의 주가는 하루 만에 11.17% 추락했습니다. 전 세계 주식시장 역시 폭락을 거듭하며 장기침체가 우려되는 상황이었지만 현명한 투자자들은 ETF를 적극 활용했습니다.

한국과 미국과 홍콩, 상하이, 베트남, 인도네시아까지 투자 중인 머니메이트 Y 역시 이번 폭락에 우량주 위주로 세계증시 쇼핑에 나섰습니다. 그간 투자 못 했던 유럽시장도 ETF를 통해서 원화로 투자했습니다. 그리고 베트남 투자도 ETF로 담아서 모아가기로 했습니다. 물론 국내 우량주로만 꾸려진 ETF를 담는 것도 잊지 않았습니다. 세계 주가가 출렁일 때는 환율도 급변하기 때문에 기축통화의 가격이 비싸집니다. 원화로 투자하는 ETF가 유리합니다.

유럽국가 주식은 유로화로 환전해야 할 뿐 아니라 거래수수료도 1회당 3~4만 원대로 매우 비쌉니다. 베트남의 경우도 국제장이 움직이면 하락장일 가능성이 높은 데다 미국 달러로 환전한 후 베트남 동으로 환전해야 하는 이중환전 시스템이라 더욱 리스크가 큽니다. 그뿐만 아니라 거래수수료도 1만

5,000~3만 5,000원 선으로 역시 만만치 않습니다.

원화로 투자할 수 있고 상품에 따라서 배당금을 받을 수도 있으며 수수료도 저렴한 ETF를 통해서 폭락장에 환전 없이 투자하는 현명한 투자자가 되는 것은 어떨까요?

Make Money
in Stocks

인도나 러시아 주식을 사고 싶다면? 펀드가 방법

펀드는 전문가가 투자를 대신해 주는 운용 상품을 소비자가 수수료를 내고 사는 투자 상품입니다. 초보 투자자들이 종목을 선정하는 것이 어려울 때 간편하게 전문가들이 투자를 대신해주는 상품을 이용하면 리스크를 줄일 수 있는 장점이 있습니다. 유럽이나 러시아처럼 거래하기 까다롭고 환전이 필요한 나라도 펀드를 통한 투자가 가능합니다.

또한 인도처럼 외국인 개인이 직접투자하는 것이 불가능한 경우 투자할 수 있는 방법은 ETF와 펀드뿐입니다. 펀드에 가입할 때 유의해야 하는 몇 가지 사항이 있습니다.

1. 펀드매니저에 재량에 따라 종목이 바뀌거나 비중이 바뀔 수 있다.
2. 운용보고서는 본인이 투자한 펀드가 어떻게 구성되어 운영되는지를 알 수 있는 것으로 이메일이나 우편으로 받아볼 수 있다.
3. 비대면으로 인터넷뱅킹이나 증권사 MTS, HTS를 이용해서 가입하면 수수료가 훨씬 저렴하다. 종종 수수료 무료 행사를 하는 경우도 있다.
4. 펀드는 매도하는 것을 '환매'라고 하는데, 그날 환매했다고 바로 현금화되는 것이 아니라(오후 3시 전에 환매했을 때) 3일 후 기준으로 입금된다.
5. 펀드는 적금처럼 적립식으로도 할 수 있고 거치식으로 목돈을 거치할 수도 있으며, 수시로 추가매수하는 방식으로 추가납입도 가능하다. 인터넷뱅킹으로 추가납입할 수 있다.
6. 최소 가입금액은 상품마다 다르므로 꼭 기준을 10만 원으로 생각하지 않아도 된다.

해외투자가 활발해진 요즈음 20~30대의 젊은 투자자들이 가장 선호하는 해외주식은 어느 나라일까요? 물론 개인의 취향과 투자 목표 등에 따라 다르겠지만 미국주식의 인기가 압도적입니다.

20대 새댁인 S는 미국주식, 특히 아마존에 관심이 많습니다. 그렇지만 아마존주식을 사려면 일단 환전을 해야 합니다(미국증시가 열리는 밤 늦게 MTS로도 바로 환전해 매수할 수 있지만 추가 수수료가 붙습니다). 시차 때문에 밤늦게까지 기다렸다가 미국장을 봐야 하는 것도, 한 주에 250만 원이 훌쩍 넘는 주가도 부담스럽습니다. 애플도 꼭 갖고 싶은 주식입니다. 애플은 한 주에 30만 원 남짓으로 아마존보다는 저렴합니다. 시가총액 2~3위를 다툰다는 마이크로소프트도 두어 주 담고 싶습니다. 그러면 이 모든 주를 한 주씩만 사더라도 300만 원이 훨씬 넘습니다. 월급쟁이 삶에서 300만 원이 넘는 돈을 매달 투자하기란 쉽지 않은 일입니다.

당시 매일 신고가를 갱신하고 있던 이런 우량주들은 시간이 지나면 더더욱 비싸집니다. 엎친 데 덮친 격으로 환율은 가파르게 오릅니다. 이럴 때 그는 외국계 펀드 전문회사인 피델리티사를 알게 됐습니다. 한화로도 투자가 가능한 상품으로 아마존, 애플, 마이크로소프트가 포함되어 있는 펀드를 골라 적립식으로 10만 원씩 투자하기로 했습니다. S는 1년 만에 수익률 30%를 달성했고, 약세장에서 추가매수를 이어가 수익률을 높이고 있습니다. 그는 자신이 직구하고 싶었던 마이크로소프트, 아마존, 그리고 애플을 낮은 가격에 환전 없이 투자할 수 있어 만족스럽다고 말합니다. 뜻하지 않게 포트폴리오에는 구글까지 들어가 있어 더욱 뿌듯합니다.

16년 묵은 펀드의 수익률은?

제 강의를 들었던 R은 투자에 있어서 매우 보수적이고 겁이 많은 유형이었습니다. 그렇지만 믿을 만한 기업에 장기투자하면 성공한다는 이야기를 익히 들어왔습니다. 그런 그에게는 16년 동안 매월 5만 원씩을 납입하는 초장기 투자 펀드가 하나 있다고 했습니다.

R의 시아버지는 매우 현명한 분으로 주식투자를 즐기지만 절대 일희일비하지 않는 성격이라고 합니다. 멋쟁이 시아버지답게 첫 손녀에게 펀드를 선물했고, 매달 5만 원씩 납입한 지

벌써 16년이 지났다고 했습니다. 하지만 정작 R은 펀드의 운용보고서를 본 적도 없었고, 통장정리를 안 해본 지도 6년이 지났다고 합니다.

해당 펀드를 검색해보니 놀랍게도 네이버, 현대자동차, 삼성전자 등에 투자되는 상품이었습니다. 강의를 같이 듣던 분들은 시아버님의 혜안에 감탄했습니다. 수익률이 매우 궁금해진 저는 R에게 다음 수업 전까지 은행에 가서 수익률을 확인하고 관련 투자 자료를 받아오시라고 이야기했습니다. 그렇게 은행을 찾아간 R은 직원이 건네준 통장을 여는 순간 기대가 물거품이 되고 말았습니다. 수익률은 겨우 마이너스를 벗어난 상태로 두 자릿수도 되지 않았습니다. 수익률은 겨우 2~3%였고, 수수료는 계속 지불해야 하는 상태였습니다. 운용사에서 방치하고 있었던 게 아닌가 싶었습니다.

아무리 좋은 상품도 관리하지 않는다면 오래 묵혀봐야 소용이 없습니다. 모든 것을 전문가에게 맡겨버리면 안 됩니다. 은행에 자주 찾아가 수익률을 확인하고 자산 배분 내용을 알고 있어야 합니다. 내 자산은 소중합니다. 투자는 100% 본인의 몫이고 제대로 알고 투자하는 것이 매우 중요합니다.

여유자금이면 장기적으로 투자를 하는 것도 좋습니다. 하지만 언제 현금이 필요한지도 반드시 고려해야 합니다. 내 인생의 이벤트가 언제 상의하고 온다던가요?

펀드 가입 시 알아야 할 기본 정보

2000년 중반부터 후반까지 중국펀드에 투자한 이들 중 자신이 보유한 상품이 실제로는 중국펀드가 아닌 홍콩 항셍지수에 투자되는 상품이었다는 것을 알고 있는 이는 드문 편입니다. 홍콩은 외국인에게 일찍 개방된 아시아의 금융허브로 우리가 대부분 가입한 중국펀드는 홍콩의 항셍지수에 투자된 것입니다. 2014년도에야 상하이시장이 개방했으니 말입니다.

그리고 펀드의 이름 뒤에 붙는 A, B, C의 의미를 정확히 아는 사람도 많지 않았습니다. 답은 수수료의 형태입니다.

A | 선취수수료, 가입 시 수수료가 부과되므로 주로 장기 투자자에게 권함

B | 후취수수료, 환매 시 수수료가 부과됨. 수익에도 수수료가 부가되므로 단기투자에 적합함

C | 선취 및 후취수수료가 모두 없으나 높은 보수가 부과됨

E | 인터넷으로 가입한 고객, 인터넷 가입자들은 수수료가 더 저렴함

예를 들어 사과증권 익스플로어AE 펀드 상품이 있다면 AE의 의미는 선수수료를 지불하며 인터넷으로 가입했다는 뜻입니다.

3

한국인에게 쉽고 편한 한국주식 이야기

한국주식투자 기초 정보

- 정규 거래 시간 | 월~금 09시 00분~15시 30분
- 동시호가 | 장 시작 동시호가 08시 30분~09시 00분,
  장 마감 동시호가 15시 20분~15시 30분
- 시간 외 거래 | 장 개시 전에는 오전 8시 30분~40분까지 10분간 운영되며(전일 종가로 거래), 장 종료 후에는 15시 40분~16시까지 20분간 운영된다(당일 종가로 거래).
- 주식 매수 시 | 증권사수수료+유관기관제비용 발생
- 주식 매도 시 | 증권사수수료+유관기관제비용+증권거래세 발생
- 증권거래세율 | 코스피 0.10%, 코스닥 0.25%(2020년 6월 3일 이후 적용)
- 결제일 | 매도일로부터 2일
- 거래 통화 | 원
- 기본 거래 단위 | 1주

Make Money
in Stocks

우리 곁에 숨쉬는 한국기업에 투자하기

인터넷서점으로 시작해 세계 1위 부호가 된 기업이 있습니다. 아마존입니다. 아마존의 시가총액은 약 1조 달러, 한국 돈으로 1,200조 원이 넘습니다. 서점으로 시작한 아마존은 온라인쇼핑몰을 운영하면서 많은 기업을 인수해 사업 영역을 확장했습니다. 도서는 물론 킨들이라는 전자책기기, 태블릿PC 등도 제조해 판매하는데, 막강한 자금력으로 최저가에 책을 기획한 후 판매하는 전략으로 인해 아마존이 진출한 국가는 지식산업 생태계가 흔들릴 정도입니다. 전 세계의 물가상승을 아마존이 막고 있다는 이야기가 나오기도 합니다.

하지만 글로벌 유통 공룡기업 아마존이 막대한 수익을 창출하는 창구는 클라우드 사업인 아마존웹서비스(AWS)입니다. AWS가 아마존에서 차지하는 매출 비중은 10% 수준이지만, 이익은 전체의 70% 이상을 차지합니다. IT에 관심 있는 사람들은 아마존의 자회사 AWS가 친숙할 겁니다. 구글, 마이크로소프트, IBM 등의 경쟁업체가 있음에도 클라우드 업계에서 AWS는 압도적 리더로 손꼽힙니다.

거기에 아마존의 CEO 제프 베조스는 주식 2조 원어치를 팔아 새로운 사업을 추진하고 있습니다. 블루오리진은 제프 베조스가 설립한 민간 우주기업으로 개인의 우주 관광 사업을 목표로 합니다. 2019년 12월까지 총 12회의 실험 중에 첫 번째를 제외하고 모두 발사체와 캡슐 회수에 성공했다고 합니다. 특히 2019년 미중 무역분쟁을 겪은 이후 트럼프 대통령은 우주굴기를 본격화하는 중국을 견제하기 위해 우주 개발 사업에 국가 예산을 편성하는 등 공격적으로 지원하기 시작했습니다. 2024년 달 탐사를 계획한 아르테미스 프로젝트를 가동했고 블루오리진을 비롯해 스페이스X, 시에라 네바다 코퍼레이션, 세레스 로보틱스, 티박 나노 새틀라이트 시스템 등의 기업이 합류했습니다.

왜 한국주식을 이야기하는 장에서 아마존으로 이야기를 시작했을까요? 아마존뿐 아니라 구글이나 페이스북, 테슬라 등은 우리들에게도 잘 알려진 유명한 IT기업입니다. 하지만 어떤 신사업을 추진하는지, 어떤 난관에 봉착했는지, 어떤 성향의 경영진으로 교체되었는지, 미국 정부가 왜 좋아하거나 싫어하는지, 어떤 기업을 왜 인수했는지, 어떤 비전으로 본사를 이전하는지 등 새로 업데이트되는 뉴스의 안팎과 속사정을 빠르게 접하고 이해하기는 쉽지 않습니다.

대부분 한국 사람이 처음 시작하는 주식은 한국주식입니다. 한국주식은 코스피, 코스닥의 오르내림을 뉴스를 통해 접하기 쉽습니다. 또 종목 정보도 정말 쉽게 알 수 있습니다. PC방에 갔는데 아이들이 어떤 게임만 하고 있더라, 강남 노른자땅에 본사 건물을 짓는다더라, 새로 나온 건조기가 주문이 쏟아져 받는 데 오래 걸린다더라 등 쉽게 접하는 좋은 정보들을 가지고 우리는 주식에 투자할 수 있습니다. 한국의 기업을 잘 모른다 하더라도 해외주식보다는 훨씬 가까이 있는 생활 속의 기업이므로 자신감을 가지셔도 좋습니다.

한국주식시장에는 유가증권시장(코스피), 코스닥, 코넥스,

K-otc가 있습니다. 주로 우리가 거래하는 종목은 코스피와 코스닥입니다. 우량주를 매수해 장기투자하고 싶은 독자분들은 코스피에 집중하는 것이 좋습니다.

유가증권시장(코스피)
(KOSPI, Korea composite Stock Price Index)

명실상부한 우리나라의 대표 주식시장으로 1956년 개장 이래 삼성전자, 현대차, LG전자, 포스코, LG생활건강 등 국내 굴지의 대기업이 상장되어 있습니다. 원래 코스피는 다우증시, 니케이지수처럼 한국거래소 유가증권시장의 종합주가지수를 뜻하는 말이었는데 의미가 확대되어 유가증권시장을 말할 때 코스피라고 부르고 있습니다.

코스피에 상장되기 위해서는 대체로 자기자본 300억 원 이상, 상장 주식 수는 100만 주 이상이 되어야 합니다. 또 매출액이 최근 1,000억 원 이상 및 3년 평균 700억 원 이상의 기준을 충족시켜야 합니다. 오랫동안 1,800~2,200 사이의 지루한 장세를 이어가고 있어 박스권 코스피라고 해서 '박스피'라는 별명도 있습니다. 다우지수는 2만 대, 니케이지수는 2만 대, 홍콩 항셍지수는 한때 3만을 넘기도 한 것에 비하면 답답해 보이기도 합니다. 그래서 대부분 많은 개인투자자들이 한국주식으로 시작해 해외로 투자를 넓혀나가고 있습니다.

한국 코스피 시가총액 상위 20위

1 | 삼성전자	2 | SK하이닉스	3 | 삼성바이오로직스
4 | 삼성전자우선주	5 | NAVER	6 | 셀트리온
7 | LG화학	8 | LG생활건강	9 | 삼성물산
10 | 현대차	11 | 삼성SDI	12 | SK텔레콤
13 | 현대모비스	14 | POSCO	15 | 카카오
16 | 한국전력	17 | 신한지주	18 | KB금융
19 | 엔씨소프트	20 | SK	

2020년 5월 기준

일반적으로 '우량주'라고 불리는 기업들은 코스피에 상장돼 있습니다. 간혹 우량주만 선택하면 장기투자할 경우 100% 성공할 수 있고, 코스닥은 무조건 단타 투자를 해야 한다고 생각하시는 분들이 있는데 그렇지 않습니다. 코스피에 상장되어 있었던 우리나라 해운업계 1위 한진해운도 상장폐지되어 사라지는 일도 있었고, 반면 코스닥 장기투자로 성공한 경우도 많이 있습니다. 대표적인 코스피 종목으로 현재 한국 시가총액 3~4위를 다투는 셀트리온이 있었습니다. 2017년까지 코스닥 1위 자리를 지켜오다 코스피로 이전상장했습니다. 상장 초반부터 셀트리온에 장기 투자한 투자자들은 삼성전자나 SK하이닉스와는 비교할 수 없을 정도의 수익을 보았습니다. 성공하는 기업은 땅을 가리지 않고 우후죽순 튀어나옵니다. 다만 그 가치를 알아보기까지가 정말 어려울 뿐이죠. 그래서 안정적으로 코스피를 추천해드리는 것입니다.

코스닥

(KOSDAQ, Korea Securities Dealers Automated Quotations)

코스닥 시장은 IT(Information technology), BT(Bio technology), CT(Culture technology) 기업 및 벤처기업의 자금조달을 목적으로 1996년 7월 개설된 첨단 벤처기업 중심 시장입니다. 상장 조건은 보통 자기자본 500억 원 이상, 소액주주 500명 이상의 조건을 충족시켜야 합니다. 또 계속사업이익이 20억 원을 충족시켜야 하는 등의 조건이 있습니다.

코스닥은 IT, BT 관련 기술주와 엔터테인먼트, 소프트웨어, 게임 등 시대를 선도하는 기업들이 참여하는 젊은 시장입니다. 우리에게 잘 알려진 SM엔터테인먼트나 JYP 같은 엔터테인먼트 기업도 코스닥에 상장돼 있습니다. 코로나19 사태 때 진단키트로 유명해진 씨젠도, 영화 '기생충'으로 화제가 된 CJENM도 코스닥 상장기업입니다. 테마주들도 대부분 코스닥 상장 기업들이 많습니다.

코넥스(KONEX, Korea New Exchange)

코넥스는 우수한 기술력을 보유하고 있음에도 짧은 경력 등을 이유로 자금 조달에 어려움을 겪는 초기 중소기업과 벤처기업이 자금을 원활하게 조달할 수 있도록 설립된 중소기업 전용의 자본시장입니다. 코스닥과 코스피, 코넥스는 한국거래소(KRX)에서 관리합니다.

K-OTC((Korea Over-The-Counter, 프리보드)

K-OTC시장은 비상장주식의 매매거래를 위하여 한국금융투자협회가 '자본시장과 금융투자업에 관한 법률'에 따라 운영하는 장외시장입니다. HTS로 매매가 가능하지만 비상장회사에 투자하는 것이기 때문에 위험성이 큽니다. 이 공인된 시장 외에도 장외시장이라는 것이 있습니다. 비상장된 주식을 개인 또는 인터넷카페 등을 통해 거래하는 것을 뜻합니다.

기업의 시가총액(market capitalization)

시가총액은 그 종목의 '발행 주식 수 × 주가'로 그 회사의 규모를 평가할 때 사용되는 대표적인 지표입니다. 시가총액은 말 그대로 현재 기업의 주식시장의 규모가 얼마나 되는지 판단할 수 있는 지표입니다. 시가총액이 큰 주식일수록 지명도와 인기를 얻습니다.

참고로 한국의 시가총액 1위인 삼성전자는 시가총액이 300조 원 안팎으로, 거래되는 주가 수는 10,137,064주입니다. 최근까지 전 세계 시가총액 1위는 애플이었다가 2019년 12월 사우디주식시장에 상장한 사우디아라비아의 국영 석유화학 회사인 '사우디아라비아 오일컴퍼니(아람코)'에 자리를 내주었습니다. 아람코의 시가총액은 한화로 약 2,200조 원입니다.

2020년 1월 글로벌 기업 시가총액 순위

1. 아람코 I 사우디아라비아, 18,200
2. 애플 I 미국, 13,300
3. 마이크로소프트 I 미국, 12,200
4. 알파벳 I 미국, 9,688
5. 아마존 I 미국, 9,380
6. 페이스북 I 미국, 6,138
7. 알리바바 I 중국, 5,848
8. 버크셔해서웨이 I 미국, 5,527
9. 텐센트 I 홍콩, 4,797
10. J.P.모건체이스 I 미국, 4,295

...

18. 삼성전자 I 한국, 3,017

단위: 억 달러, 블룸버그 자료

세계에서 가장 비싼 주식은 워런 버핏이 운영하는 투자기업인 버크셔 해서웨이로 한창 비쌌을 때는 34만 달러에 육박했습니다. 한국 돈으로 한 주에 4억 원이 넘는 돈입니다. 보통 이렇게 비싼 주식은 액면분할을 하는데 워런 버핏은 단기 투매꾼들이 들어와 유동성을 만드는 걸 싫어해 주가를 높게 유지하고 있습니다. 배당을 하지 않는 것으로도 유명합니다.

세계에서 가장 부자인 사람은 아마존의 창업자 제프 베조스로 175조 원으로 추정된다고 합니다. 코로나19 사태를 맞았는데도 아마존 주식은 견고했고 주가가 250만 원을 훌쩍 넘으니 그의 재산은 더욱 늘어나기만 하는 것 같습니다. 빌 게이츠가 2위, 워런 버핏은 4위, 페이스북의 창업자 마크 저커버그는 7위입니다.

주식 매매 제비용

주식을 1,000만 원어치 산 후 1,000만 원에 다시 팔았다면 본전치기일까요? 아닙니다. 매매 제비용을 포함해 마이너스 수익이 난 것입니다. 주식 매매 제비용은 주식을 사고팔 때 내야 하는 증권거래세(0.25%)와 거래수수료(증권사마다 다름), 유관기관제비용(0.005%)을 합한 비용입니다. 증권거래세는 매도할 때만 부과됩니다. 유관기관제비용은 주식거래를 할 때 필요한 업무를 하는 증권거래소, 증권예탁원, 증권업협회 등에 지불하는 매매 비용입니다. 주식거래수수료는 증권사마다 다릅니다. 주식을 자주 사고파는 단타 투자자가 많아지면 증권사는 좋아하겠죠?

한화투자증권에서 고객 6만 명의 데이터를 분석한 자료에 따르면 1년 동안 회전율 100~200%, 즉 1~2번 정도 사고판 고객은 8.8%의 수익률을 올렸다고 합니다. 그러나 회전율 2,000% 이상, 즉 1년에 20회 이상 사고판 고객은 -18.4%의 손해를 보았습니다. 단타로 자주 사고팔면 수익률도 좋지 않을 뿐더러 주식 매매 제비용만 늘어납니다.

Make Money
in Stocks

황제주였던 삼성전자가 국민주로 거듭난 비밀, 액면분할

10년 전만 해도 삼성전자는 누구나 갖고 싶지만 너무 비싼 주식이었습니다. 그러던 2018년 5월, 250만 원을 호가하는 삼성전자 주식이 50:1의 비율로 액면분할되었습니다. 액면분할은 주식의 수만 늘어나고 가치 변화는 없습니다. 1주가 50주로 늘어날 뿐입니다.

250만 원이던 주식은 5만 원이 되었고 개인 투자자들의 접근이 쉬워졌습니다. 코로나19 사태 이후에는 개인들의 매수가 이어지며 국민주식이 되었고 소액주주만 100만 명이 넘습니다. 한때 광화문 광장에서 주주총회를 해야 한다는 농담도 있었습니다. 아모레퍼시픽 역시 2015년 한때 320만 원이 넘었지만 2015년 5월 8일 37만 6,500원으로 액면분할되었습니다. 이외에도 SK텔레콤, 네이버, 애플, 롯데제과 등 다양한 기업이 액면분할을 시행했습니다.

기업이 성장세가 탄탄하고 주식의 인기가 많으면 주식도 비싸집니다. 그러다 100만 원 이상이 되면 사람들이 쉽게 사기 어렵기 때문에 거래가 줄고 자금 확보가 둔해집니다. 그래서 기업은 주식의 유동성을 늘리기 위해 액면분할을 시행합니다. 유통주식 수가 늘어나면 몸집이 가벼워져 개인의 매수가 늘고 거래 활성화로 인한 추가 주가 상승도 기대할 수 있기 때문입니다. 또 주당 순이익(EPS, 당기순이익÷주식 수, EPS가 높아야 좋은 주식이지만 너무 높으면 경영에 부담을 주기도 한다)을 낮추는 효과도 있습니다.

지분구조 변화를 꾀하기 위해 액면분할을 하는 경우도 있습니다. 유동성을 늘리게 되면 일반 투자자들의 접근이 쉬워져 경영권 방어에 유리할 수 있기 때문입니다. 일반적으로 액면분할을 결의하면 화제가 되어 주가가 오르는 게 보통이었으나, 요즘에는 액면분할로 인한 주식 수 증가를 우려하여 주가가 역으로 떨어지는 경우도 많습니다. 액면분할의 저주라고 부르기도 합니다.

삼성전자 말고 삼성전자우는 뭔가요?

삼성전자 종목을 검색하면 삼성전자와 삼성전자우라는 종목을 찾을 수 있습니다. 기업명 뒤에 붙는 '우'는 우선주(preference stock)라는 의미입니다. 현대차의 경우 현대차 본주와 현대차우, 현대차2우b, 현대차3우b 등으로 우선주의 종류가 다양합니다.

기업이 자금을 조달해야 하는데 본주 거래가 많아지면 경영권에 지장을 받기 때문에 우선주를 발행합니다. 기업에 따라 다르지만 보통 우선주는 본주의 배당보다 일정 비율을 더 줍니다. 단점은 주주총회에서 의결권을 행사할 수 없다는 점입니다. 본주 주주만 의결권 행사가 가능합니다. 기업의 대주주들의 경우 본주를 발행하다 자칫 경영권 행사가 어려워질 수 있기 때문에 배당금을 더 주더라도 우선주를 발행하는 것입니다.

우선주는 본주보다 대체로 가격이 낮으며 삼성전자 본주와 삼성전자 우선주의 금액 차이는 1만 원 안쪽입니다. 하지만 LG생활건강 우선주 가격은 본주의 절반 정도로 차이가 큽니다. SK네트웍스나 삼성중공업의 경우 우선주가 훨씬 비싼데 주식 발행 수 차이 때문입니다. 또 같은 기업의 주식이라도 본주냐 우선주냐에 따라 시장에 반응하는 탄력성이 다릅니다.

현대차2우b의 우선주 뒤에 붙은 숫자는 발행된 시기로 2번째 발행된 우선주라는 뜻입니다. b가 붙으면 1996년 개정상법 이후 발행된 신형우선주라는 뜻입니다. b가 붙은 신형우선주는 기업이 배당 여력이 없을 때도 '최저배당률제도'의 규정에 따라 기업 정관에 따른 최저 배당금을 지급해야 합니다.

주가가 폭락할 때 만나게 되는 단어들

사이드카

한국에서는 주가지수 선물시장을 개설하면서 도입하였는데, 선물가격이 전일종가 대비 5% 이상(코스닥은 6% 이상) 상승 또는 하락해 1분간 지속될 때 발동하며, 일단 발동되면 발동 시부터 주식시장 프로그램 매매호가의 효력이 5분간 정지됩니다. 5분이 지나면 자동적으로 해제되어 매매 체결이 재개되고, 주식시장의 매매 종료 40분 전(14시 50분) 이후에는 발동할 수 없으며, 또 1일 1회에 한해서만 발동할 수 있습니다.

서킷브레이크

주식시장에서 주가가 갑자기 급락하는 경우 시장에 미치는 충격을 완화하기 위하여 주식매매를 일시 정지하는 제도로 '주식거래 중단제도'라고도 합니다. 미국의 뉴욕 증권거래소가 1987년 10월 19일 22.6%가 떨어진 '블랙 먼데이'를 겪으면서 처음 도입됐습니다. 이후 2020년 3월 10일 코로나19 확산에 국제유가 폭락까지 더해지며 뉴욕증시가 폭락하자 23년 만에 두 번째로 서킷브레이크가 발동됐습니다. 뉴욕증권거래소의 경우 10%, 20%, 30%의 하락 상황에 따라 1~2시간 거래가 중단되거나 아예 그날 시장이 멈춰버리기도 합니다.

데드캣바운스

코로나19 사태로 주식이 폭락했을 때 여러 경제 용어를 듣게 됩니다. 데드캣바운스, 즉 '죽은 고양이의 반등을 조심하라'는 말이 언급됐습니다. 주가가 큰 폭으로 떨어지다가 잠깐 반등하는 상황을 비유할 때 쓰이는 말로, 죽은 고양이가 꿈틀한다는 식으로 표현한 것입니다.

Make Money
in Stocks

믿음의 반도체,
삼성전자와 SK하이닉스

이번 코로나19 사태 때 기관과 외국인들만이 아닌 개미들까지 통 크게 매수를 한 종목이 있습니다. 외국인 기관의 거센 매도세에도 굴하지 않고 개인투자자들은 더 거세게 매수를 몰아붙여, 이번 코로나 경제위기에 '동학개미운동'이라는 신조어까지 생기게 한 종목, 심지어 주식의 '주'자도 모른다는 일명 주린이(주식+어린이)들도 일단 매수부터 하고 본다는 이 주식은 바로 반도체주입니다.

2020년 코로나19 사태 당시 코스피 개인 순매수 상위종목

1 | 삼성전자
2 | 삼성전자우선주
3 | SK하이닉스
4 | 현대차
5 | SK이노베이션

2020년 1월~3월 기준, 한국거래소

이번 코로나19 경제위기 이전 2008년 금융위기 때에도 삼성전자와 SK하이닉스를 저렴한 가격에 매수한 성공한 개인투자자의 이야기는 쉽게 찾을 수 있습니다. 매달 월급을 받으면 적금처럼 기계적으로 삼성전자를 매수하고 장기투자해서 큰 이익을 보았다는 샐러리맨의 신화도 한 번쯤은 들어보았을 법한 이야기입니다.

인공지능(AI), 로봇, 사물인터넷, 스마트카, 3D프린터, 바이오테크놀로지, 가상화폐 등은 4차 산업혁명을 대표하는 기술입니다. 한국의 삼성과 엘지뿐 아니라 아마존, 구글, 테슬라, 애플, 마이크로소프트 등 내로라하는 글로벌 기업들이 4차 산업혁명의 선두자리를 차지하기 위해 투자하고 있습니다. 4차 산업혁명의 핵심은 반도체입니다. 로봇이나 드론, 컴퓨터 등 복잡한 기계에만 반도체가 들어간다고 생각하는데 우리가 일상에서 쓰는 밥솥, 세탁기, 에어컨, TV, 자동차, 내비게이션 등 정보를 저장하고 불러들이는 모든 가전에 반도체가 들어갑니다. 디지털 세상에서 반도체는 IT산업의 두뇌이자 핵심적인 역할을 합니다. 반도체의 성능은 단순한 부품을 넘어 IT제품의 성능을 구분 짓기까지 합니다.

코스피 시가총액 1위와 2위는 삼성전자와 SK하이닉스입니다. 삼성전자는 대한민국에 본사를 두고 전자제품을 제조하는 대한민국 최대의 다국적 기업입니다. 크게 4개의 사업부문으로 나눠지는데 TV, 냉장고 등을 생산하는 CE부문과 스마트폰, 네트워크시스템, 컴퓨터 등을 생산하는 IM부문, 부품사업에서는 D램, 낸드플래시, 모바일AP 등의 제품을 생산하는 반도체 사업과 TFT-LCD 및 OLED 디스플레이 패널을 생산하는 DP사업의 DS부문, 마지막으로 인포테인먼트, 텔레메틱스, 스피커 등의 영역을 담당하는 하만부문이 있습니다.

삼성전자는 〈포브스〉가 선정한 글로벌 브랜드 가치평가에서 세계 7위에 선정됐습니다. 10위 안에 미국의 브랜드는 8개,

일본 브랜드는 1개, 한국의 브랜드로는 유일하니 세계 반도체 1위 국가의 1등 브랜드임은 자명합니다.

여기에 SK하이닉스와 결합한 한국 반도체는 그야말로 막강합니다. SK하이닉스는 이천, 청주의 국내 사업장을 포함해 중국 우시, 충칭에 4개의 생산법인과 전 세계 5개의 연구개발법인, 10개의 판매법인을 운영하는 글로벌 기업입니다. PC와 모바일에 들어가는 D램, 내비게이션 등에 들어가는 낸드플래시, 핸드폰 카메라와 의학 촬영장비 등에 들어가는 CIS반도체 등을 생산하고 있습니다.

삼성전자의 반도체와 SK하이닉스 반도체는 글로벌 반도체 D램 수요의 80% 이상을 공급하고 있습니다. 물론 글로벌 시장조사업체 IC인사이츠의 보고서에 의하면 코로나19 사태로 반도체 수요가 줄어들 경우 D램의 수요가 2.4% 감소할 것이라는 예상을 내놓긴 했지만 코로나19 사태 이후 반도체의 수요는 더 늘고 있으며 한국의 반도체 기업의 성장도 어느 정도 증가세를 보일 것으로 예측합니다.

심지어 2020년 3월에는 코로나19 사태로 인한 재택근무와 온라인 수업 대체로 인해서 반도체의 수요가 일시적으로 상승했습니다. 이쯤 되면 IT업주나 반도체업종은 필수소비재주에 집어넣어도 되지 않나 하는 생각이 들 정도네요. 그렇지만 무조건적 반도체주가 망하지 않을 거라고 낙관하면서 매수를 시도하면 안됩니다. 이는 모든 주식투자 시에 유의할 점이기도 합니다.

한국에 삼성전자 반도체와 SK하이닉스 반도체가 있다면 대만에는 TSMC가 있습니다. TSMC는 작년 4분기 기준 파운드리(외부에서 제품 설계를 넘겨받아 반도체를 생산하는 일) 시장 점유율 52.7%를 차지한 업계 1위입니다. 2위는 삼성전자(17.8%)로 격차가 크게 납니다. TSMC는 이번 코로나19 사태에 수요가 42%나 증가했다고 밝혔습니다. 특히 5나노 이하 미세공정은 전 세계에서 TSMC와 삼성전자 2곳만 가능하다고 이야기합니다.

물론 삼성전자와 SK하이닉스의 주력 반도체 분야는 파운드리 분야가 아닌 D램이기는 하지만, 반도체 시장 1~2위를 다투는 대만과 한국 사이에 국가의 전폭적인 지원을 받는 중국 반도체의 도전장도 거셉니다. TSMC가 1분기 호실적을 거두면서 반도체 업계에서는 삼성전자의 TSMC 추격이 더 힘들어질 수 있다는 이야기가 나오고 있습니다.

많은 분들이 삼성전자와 SK하이닉스의 반도체에 관심을 갖고 투자도 많이 하는 만큼 경쟁업체나 앞으로의 미래도 촘촘

하게 공부하고 늘 관심을 가지시길 바랍니다. 반도체 기술은 디지털산업 분야의 핵심으로 기술 경쟁이 치열하고, 언제 시장에 뒤쳐질지 또는 시장을 앞서나갈지 아무도 모르기 때문입니다.

Make Money
in Stocks

한국인들이 좋아하는 소비재주
아모레퍼시픽, LG생활건강, 호텔신라

한국인 중에 아모레퍼시픽과 LG생활건강의 제품을 한 번도 사용해보지 않은 사람이 있을까요? 아모레퍼시픽 주식이 급등하고 하루가 멀다고 신고가를 경신하면서 스포트라이트를 받을 때는 우리나라에 '유커(중국인 관광객)'들이 물밀 듯이 밀려올 때였습니다.

물론 경제적인 자유를 얻은 일부 중국인들이 여권을 만들면서 여행을 시작한 것이 발단이었지만, 그 배경에는 우리나라의 드라마와 K-POP이 있었습니다. 그리고 그 수혜를 가장 많이 받은 종목이 화장품 업종입니다. 저의 친구들은 명동에 가면 한국 고객들은 뒷전이라고 툴툴대곤 합니다. 중국인들은 화장품을 살 때 박스포장으로 수십 개씩 대량 구매하는 큰손이고, 직원들은 입구에서부터 능숙한 중국어로 응대하니 여기가 한국인지 중국인지 헷갈릴 정도입니다.

예전에 저는 아모레퍼시픽 한 주당 가격이 매우 비싸서 주식으로는 차마 매수하지 못하고 은행에서 아모레퍼시픽에 투자하는 펀드를 가입했습니다. 아모레퍼시픽은 설화수, 헤라, 이니스프리, 에뛰드 등 화장품 브랜드뿐 아니라 메디안, 미장센, 오설록 등 생활 전반에 걸친 브랜드를 보유하고 있으며 해외에서도 인지도가 높습니다. 아모레퍼시픽의 주력사업은 화장품 제조와 판매업입니다.

2015년에 액면분할을 하여 현재 10~20만 원 사이에 매수할 수 있습니다. 전 세계에 유행한 K뷰티를 바탕으로 중국 매출을 등에 업고 가파르게 성장했습니다. 그러다 사드와 코로나19로 인해서 고전을 면치 못하고 있습니다. 하지만 아모레퍼시픽은 여전히 우리나라 대표 K뷰티 기업이며, 최근에는 자사 아리따움 매장이 있음에도 로드샵 1위 브랜드 올리브영에 입점함으로써 다시 한번 성장을 꾀하고 있습니다.

이보다 더 강할 순 없다, LG생활건강

LG생활건강도 빼놓고 넘어갈 수 없습니다. 화장품 제조와 판매가 주력사업인 아모레퍼시픽과 달리 LG생활건강은 생필품의 파워가 막강한 기업입니다. 2000년 초반까지만 해도 한국을 대표하는 우량주를 꼽자면 포스코, 현대차 등이 각광을 받았지만 현재는 우량주 안에 LG생활건강이 빠지지 않고 등장합니다. 이유는 아주 간단합니다. 필수 소비재를 제조하고 판매하기 때문입니다.

이번 코로나19 사태에도 LG생활건강의 주가는 선방했습니다. 비단 2020년 경제위기에만 그랬던 것이 아닙니다. 2008년 위기 때도 탄탄한 방어를 한 주식 중 하나가 바로 LG생활건강입니다.

그럼 LG생활건강의 주력 상품이 무엇이기에 주가 방어가 뛰어날까요. 수퍼타이 세제, 페리오, 엘라스틴, 홈스타, 퐁퐁, 자연퐁, 샤프란, 죽염치약 등 지금 독자분들의 집에 최소 한 품목 정도는 있지 않나요? 반드시 소비할 수밖에 없는 생필품을 제조·유통하고 있는 기업입니다.

또한 화장품도 아모레퍼시픽에 이어 2위의 자리를 지키고 있습니다. 시진핑 주석의 부인 펑리위안 여사가 즐겨 쓴다는 '후' 화장품을 필두로 오휘, 빌리프, VDL, CNP 등의 막강한 브랜드 라인을 갖추고 있습니다. 2009년에는 더페이스샵을 인수하기도 했습니다.

화장품만으로는 대한민국 2위이지만, 생활용품 시장에서는 압도적으로 1위를 유지하고 있습니다. 거기에 끝판왕으로 코카콜라보틀링을 인수해 코카콜라의 독점 판매권을 LG생활건강이 갖게 되었습니다. 15년 연속 매출 성장을 일궈내 손만 대면 성공한다고 해서 부회장의 이름을 따 '차석용 매직'이라는 말이 붙을 정도로 인기도 높습니다. 이러한 탄탄한 기업 실적 때문에 외국인 지분율이 90%에 육박합니다.

실제로 위의 두 기업의 파워를 대변해 줄 만한 것이 바로 주가입니다. 한주에 130만 원이 넘습니다. 이렇게 생활 속에 소비되고 있는 상품을 만드는 기업의 주식을 찾아서 쉬운 방법으로 공부하고 투자해 보는 것도 좋은 투자 방법입니다.

호캉스 가고 싶은 호텔신라

30대 중반의 회사원인 장혜린 님은 2019년도 회사 종무식 때 행운의 경품권 1위에 당첨이 되었습니다. 경품은 서울 특급 호텔 1박 2일 숙박권으로 조식까지 제공이 되는, 모두가 탐낼 만한 상품이었습니다. 그는 고민했습니다. 쇼핑몰과 테마파크가 있는 잠실의 롯데호텔에 투숙할 것인지, 또는 남산을 끼고 있어 경치가 좋고 이태원과 가까운 하야트호텔을 선택할 것인지, 아니면 세계 정상들이 찾는다는 신라호텔에 묵을 것인지 선택해야 했습니다.

장혜린 님은 신라호텔을 선택했습니다. 주변에 호캉스를 좀 해봤다는 친구들과 결혼식으로 신라호텔을 이용해본 친구들도 하나같이 선호하는 호텔이라서 결정을 했다고 했습니다.

만족스러운 호캉스를 끝내고 그는 신라호텔이 한옥호텔 사업도 준비하고 있으며 면세점 사업도 공격적으로 추진하고 있다는 것을 알게 되었습니다. 신라면세점이 인천공항과 제주도 공항에만 있는 줄 알았으나 쇼핑의 천국 홍콩의 첵랍콕공항과 싱가포르 창이공항, 그리고 마카오공항에도 입점했다는 사실을 알고 놀라웠습니다. 입점 위치가 하나같이 '쇼핑의 천국'

이라는 점에 더욱 메리트를 느꼈다고 했습니다. 최근에는 많아지는 동남아시아 관광객들을 타깃으로(한류의 열풍으로) 면세점과 호텔 시장을 다변화시키기 위해 노력하고 있다는 뉴스도 찾아보게 되었습니다.

주식에 관심이 없었던 그는 호캉스를 계기로 비대면으로 주식계좌를 개설하고 관심종목에 호텔신라를 집어넣고 주의깊게 보게 되었습니다. 호텔신라를 시작으로 그는 소비자로서 성장 가능성을 평가할 수 있는 다른 소비주에도 관심을 갖게 되었습니다.

그렇지만 코로나19발 세계 경제 위기는 바이러스에 의한 위기였기에 호텔, 여행, 항공분야의 타격이 가장 컸습니다. 당연히 호텔신라도, 면세점과 서브 브랜드인 신라스테이도 극심한 타격을 입은 상태입니다. 원래 자리로 돌아가기까지는 시간이 걸릴 듯합니다. 많은 사람들이 예전처럼 여행을 다니고 호텔 맛집과 호캉스를 즐기며 해외 정상들이 방한하는 때가 와야 회복이 될 듯합니다.

아무도 대유행이 올 거라는 것까지 예측할 수는 없었습니다. 그렇지만 이슈는 달라도 주식시장은 늘 1년에 2~3번씩, 크게는 10년에 한 번씩 출렁입니다. 주식에 투자하는 투자자들은 항상 긍정적인 면만 좇아서는 안 됩니다. 다행히 호텔신라의 주가가 회복세를 보이고 있습니다. 앞으로 진행될 한옥호텔이나 면세점 사업 등의 미래도 밝기를 기대해봅니다.

Make Money
in Stocks

이자가 낮아도 은행 안 갈 수 없죠, 하나금융지주와 KB금융지주

투자의 신으로 불리는 워런 버핏이 가장 선호하는 주식 섹터가 무엇인지 혹시 알고 계시나요? 물론 지분상으로는 '사과 장수'라는 그의 별명에 걸맞게 애플 주식을 가장 많이 보유하고 있고, 코카콜라에 장기투자하는 것으로 유명하지만 금융주를 매우 선호해 그의 포트폴리오에는 미국의 은행과 투자회사의 주식들이 많습니다.

일반적으로 금융주는 보수적이라고 알려져 있습니다. 바이오섹터처럼 드라마틱하게 수익을 내주지는 않지만, 안정적인 배당을 보장해주며, 묵직한 움직임이 특징입니다. 보수적이라고 해서 채권과 같이 안전하고 적금과 같이 원금을 보장을 해준다는 착각은 금물입니다. 주식은 주식입니다.

보통 새내기 투자자들은 "리스크를 최소화하면서도 적금보다 큰 수익을 얻고 싶다"라는 말을 많이 하는데 금융주식이야말로 이 욕구에 최적화된 섹터라고 생각합니다. 새내기들이 모여 있는 투자방에서 배당의 계절이 돌아올 때 가장 드라마틱한 배당금을 안겨주는 섹터가 다름 아닌 은행주이기 때문입니다. 이제부터 저는 우리나라 은행을 대표하는 하나금융지주와 KB금융지주에 대해 이야기해볼까 합니다.

하나금융지주의 가장 큰 매력이라면 8%에 이르는 높은 배당수익률입니다. 간혹 새내기 메이트들이 "잃는 것이 너무 무서워서 투자하기는 두렵지만, 은행 이자로는 도저히 성에 안 찬다"라는 이야기들을 하는데, 하나금융지주와 같은 고배당주는 배당만으로도 어느 정도 손실을 채워줄 수 있는 수준이라고 말합니다. 배당금을 모아서 재투자할 경우 복리이자를 받는 것과 같은 혜택을 누리기에 적합한 종목이라는 것이지요.

우리나라 타사 대형 은행과 비교했을 때 하나은행만의 두드러지는 장점이 있습니다. 외환은행과의 합병으로 외환업무과 해외업무 분야에서 유리한 고지를 점하고 있다는 점입니다. 하나금융지주의 종속회사로는 하나카드, 하나금융투자, 하나은행 등이 있습니다. 2019년 기준 종속회사 중 하나은행이 전체 순이익의 90%를 차지하고 있습니다.

최근에는 코로나19 사태와 라임사태로 주가가 급락하는 모습을 보이고 있지만, 타 은행에 비해 라임사태에 연루된 금액이 적은 편이고 은행 쪽 의존을 줄이기 위해서 더케이손해보험을 인수하는 등의 변화를 꾀하고 있습니다.

우리나라를 대표하는 다른 은행 KB금융지주는 코로나19 사태에도 주가방어를 잘 해주었는데, 그 배경에는 푸르덴셜생명보험 인수 이슈가 있었습니다. 하나은행과 마찬가지로 생명보험업 분야를 강화하기 위한 강수를 둔 것으로 해석할 수 있겠습니다.

KB금융지주의 최대주주는 국민연금이며, 2대 주주는 JP모건체이스은행입니다. 현재 KB금융지주는 순이익 1위 신한은행과 치열한 싸움을 벌이고 있는 중이며, 이번 푸르덴셜 생명보험의 인수를 발판삼아 순이익 1위를 꾀하고 있습니다.

KB금융지주 역시 은행주답게 4.45% 배당률(2019년 기준)을 자랑합니다. 은행적금 이자가 1%대인 지금 정말 메리트 있는 배당금입니다. 투자의 귀재 워런 버핏이 선호하는 금융주 투자, 우리도 도전해볼 수 있습니다.

Make Money in Stocks

장어구이와 맞바꾼 마음의 평화, 테마주는 아무나 하나

저는 펀드를 시작으로 국내 우량주에 중장기투자를 해왔고 현재는 배당을 목표로 주가 상승도 함께 가져가려는 '초장기 투자자'입니다. 제 투자가 이 규칙을 벗어나는 경우는 없습니다. 그러나 처음부터 원칙을 정한 것은 아니었고 경험을 통해 나에게 맞는 옷을 찾아 입었다고 할 수 있습니다. 과거 테마주에 단기투자를 한 적이 있는데 그 쓰라린 경험을 통해 저만의 투자 스타일을 뼈저리게 깨달았습니다.

당시 한국인의 컴퓨터에는 반드시 깔려 있다는 프로그램을 만든 회사의 대표가 대선 출마를 준비한다는 뉴스를 들었습니다. 설마 후보가 출마를 하지 못한다고 하더라도 기업이 탄탄하니 주식만은 오르지 않을까 하는 너무나도 안일한 생각으로 대선 테마주에 올라타게 되었습니다.

"남들이 한다는 단타, 나도 해보자. 테마주 성공하면 먹는다는 장어 한번 먹어보는 거야."

결론부터 알려드리자면 장어를 먹었습니다. 아주 배터지게 먹을 만큼 벌었습니다. 그렇지만 제 정신 건강과 일상은 장어로 회복하지 못했습니다. 4만 원대 후반에 매수했던 주식은 대선과 함께 10만 원을 육박하더니 어느 순간 15만 원을 넘어섰습니다.

다른 사람들이 보기엔 부러운 상황이겠지만 정작 제 생활에는 변화가 오기 시작했습니다. 작은 일에도 민감해지고 기분이 좋았다가 나빴다가 감정이 요동치기 시작했습니다. 본업에 집중하지 못했습니다. 중요한 일이 있어도 정신은 딴 곳에 있었습니다. 주가가 쑥쑥 오르니 내가 지금 이 일을 할 사람이 아니라는 생각도 들더군요. 주가가 오르면 그 모습을 보는 게 좋아서 주식창를 보고, 떨어지면 떨어지는 대로 계속 주식창만 보게 되었습니다. 핸드폰으로 팔까 말까를 반복하다 보니 어느 순간 원장실에 끌려가 있었습니다.

4만 원대 후반에 매수한 주식을 17만 원 근처에서 매도했고 아쉬움에 또 한 번의 모멘텀을 기대하며 5주 정도를 남겨두었습니다. 남은 5주는 후보의 대선 참패와 함께 제자리를 찾아서 다시 5만 원대로 돌아갔습니다. 어쨌든 300% 이상의 차익을 거두었습니다. 하지만 저는 안녕하지 못했습니다. 분명 손해를 본 것이 아닌데 최고가에 처분하지 못한 것에 집착하게 되고 자꾸 자책하면서 아쉬워하는 제 모습을 보았습니다.

테마주 정보,
내가 아는 순간 어쩌면 상투

그 스트레스를 겪은 후 저는 절대 대선 테마주니 바이오 테마주니 하는 일명 핫한 종목들과 단타에서는 완전 손을 뗐습니다. 수익이 꽤 많이 났는데도 말이죠. 저에게 가장 중요한 것은 '정신과 마음이 편안한 투자'라는 것을 알게 되었으니 말입니다.

제가 테마주를 추천하지 않는 이유가 또 있습니다. 테마주라는 그룹으로 묶이고 그 종목이 자연인인 나에게까지 알려졌다는 것은 이미 살 사람들은 다 상태인 고점이라는 뜻입니다. 고점에 올라탄 후 타이밍을 놓치고 상승 이슈가 떨어지고 나면 주가는 제자리로 돌아가게 되고 고점에 물린 내 계좌만 남습니다.

제가 아는 한 분은 세계적으로 돼지열병이 유행일 때 국내 돼지열병 테마주에 일찌감치 올라탔습니다. 하지만 성공적인 방역으로 돼지열병은 다행히 국내에서 힘을 못 쓰고 사그라들고 말았습니다. 그분은 고점에 물렸고, 다시 한번 한국에 돼지열병이 찾아오길 기다릴 수도 없는 안타까운 상황을 맞이했습니다. 정치주든 코로나주든 대북주든 테마주에 잘못 탄 후 다시 주가가 상승할 기회를 기다리지만 그만한 이슈가 재현되기는 쉽지 않습니다. 이슈로 치솟은 고점은 다시 돌아오기 어렵습니다. 테마주를 경계해야 할 이유입니다.

Make Money in Stocks

한국주식으로 채우지 말고 해외투자도 함께

현재 저의 포트폴리오에 한국주식은 10% 정도밖에 되지 않습니다. 저를 처음 만난 새내기 메이트님들은 첫 투자는 한국투자를 권한다면서 왜 한국주식은 10%밖에 보유를 하지 않고 있냐고 많이 물으십니다. 저는 두 가지로 답변을 드립니다.

저 역시 초보일 때 펀드와 직접투자로 한국주식투자를 10년 이상 경험한 후 해외투자에 발을 들여놓았습니다. 접근성이 좋고 제가 잘 알 수밖에 없는 한국기업과 주식을 먼저 투자하고 경험하는 것은 당연한 일입니다. 만약에 저에게 10여 년

이 넘는 직간접 한국주식 투자경험이 없었다면 복잡하고 어려운 해외주식투자에 발 들여놓기 쉽지 않았을 겁니다. 그리고 현재도 끈을 놓지 않고 한국주식은 꾸준히 배당금을 받으며 투자하고 있습니다. 다만 비중을 줄이고 종목을 심플하게 가지고 갈 뿐입니다.

한국주식시장에도 황금기가 있었습니다. 어떤 주식을 사든 시간을 들여 투자하면 기대만큼 수익을 가져다준 시절이 10여 년 전쯤에는 있었습니다. 모두 기억할 것입니다. 주식을 하지 않더라도 모두 적금처럼 펀드에 가입하며 국민 모두 수익을 냈던 10여 년 전을 말이죠. 그렇지만 2010년 이후 약 10년간 코스피는 박스피의 오명을 벗어나지 못했습니다. 심지어 코로나19 사태가 터지기 전에도 높다고 했던 2019년 기준의 코스피도 그다지 좋은 컨디션이 아니었습니다. 거기에 한국 경제가 가파른 발전을 해왔기에 선진국 문턱에 들어선 지금 계속 같은 속도로 성장하는 것은 쉽지 않습니다.

우리는 한국의 발전과정을 지켜보고 지금 와서 "그때 삼성전자에 투자했더라면…", "내가 이렇게까지 네이버가 거대한 기업이 될 줄 왜 몰라봤을까?" 하는 후회를 합니다. 그런 의미로 이머징국가의 발전 단계도 예상이 가능합니다. 가령 외국

역시 몇 번의 위기를 겪고 단단해지는 절차도 비슷하게 밟을 것이라는 예측을 해보면서 투자를 할 수도 있을 겁니다. 선진국 또는 이머징국가 투자는 우리에게 열린 또 하나의 기회입니다.

물론 한국인들의 금싸라기 같은 돈이 해외 기업을 성장시키는 데 쓰인다는 것이 배가 아프긴 합니다. 하지만 독자분들께 우물 안의 개구리로 남지 말고 넓은 세상을 함께 경험해보길 권해드리고 싶습니다.

4

세계를 선도하는 우량주들의 각축전, 미국주식 이야기

미국주식투자 기초 정보

- 미국주식시장 3대 거래소 | 뉴욕, 나스닥, 아멕스
- 미국 증시 개장시간 | 09:30~16:00, 한국시간으로 23:30~06:00(섬머타임 적용 시 1시간씩 당겨짐)
- 15분 지연, 시황판에 뜬 현재 가격은 15분 전 가격.
- 매매수수료 발생, 환전수수료 발생
- 세금 | 해외주식은 매매차익 250만 원 발생 시 세율 22%(양도소득세 20%+주민세2%) 부과. 양도소득이 발생한 연도의 다음 해 5월 한 달 간 확정신고를 해야 함
- 결제일 | 매도일+3
- 거래 통화 | 미국달러
- 기본 거래 단위 | 1주
- 거래 가능 증권사 | 키움증권, 대신증권, 미래에셋대우증권, 한국투자증권, 유진투자증권, KB증권, 삼성증권, NH투자증권 등

Make Money
in Stocks

미국인들의 자랑, 미국주식시장

갤럽의 2019년 4월 조사에 따르면 미국인의 55%가 주식을 보유하고 있다고 밝혔습니다("What Percentage of Americans Owns Stock?", 'Gallup News', 2019, 10. 13). 반면 한국예탁결제원에서 발표한 2019년 3월 보고서에 따르면 2018년 말 한국에서 주식에 투자하는 사람은 2019년 기준 561만 명이라고 합니다. 한국 국민 9명 중 1명 정도가 주식에 투자하고 있다는 의미입니다.

건국 역사가 짧은 미국인들이 자랑스러워하는 것 중 하나가 미국의 주식시장입니다. 1609년 네덜란드 암스테르담에서 처음 탄생한 증권거래소는 미국으로 건너가 꽃을 피웠습니다. 1792년 뉴욕의 월스트리트에서 시작한 미국주식시장은 2차 세계대전 이후 세계적인 증권거래소로 자리 잡으며 세계 금융의 중심지가 되었습니다.

월스트리트에 있는 뉴욕증권거래소, 아멕스, 나스닥을 미국의 3대 증권거래소라고 합니다. 미국은 전 세계 주식시장의 거의 절반을 차지하고 있습니다. 아래의 주식시장 순위를 보면 2위 중국부터 10위 한국까지 거래되는 금액의 총합(26.44조 달러)보다 훨씬 큰 금액이 미국에서 거래되고 있습니다.

시가총액 기준 주식시장 규모 상위 10개국

1. 미국 I 30.44조 달러
2. 중국 I 6.32조 달러
3. 일본 I 5.30조 달러
4. 홍콩 I 3.82조 달러
5. 프랑스 I 2.37조 달러
6. 인도 I 2.08조 달러
7. 캐나다 I 1.94조 달러

8. 독일 | 1.76조 달러
9. 스위스 | 1.44조 달러
10. 한국 | 1.41조 달러

출처 '미국주식시장은 얼마나 클까', 〈코인프레스〉, 2019.09.16.

뉴욕증권거래소(NYSE, New York Stock Exchange)는 한국의 코스피라고 보시면 됩니다. 거래되는 시가 총액은 2019년 기준 약 23조 달러, 전 세계 주식 시장의 약 27%를 차지합니다. 거래되는 금액으로는 세계에서 가장 큰 규모이며 다우지수와 S&P500 등 세계 증시를 대표하는 지수들은 이 거래소와 나스닥에서 거래된 기업들을 대상으로 산출합니다. 뉴욕증권거래소에는 나스닥에 비해 안정적이고 전통 있는 기업들이 많이 속해 있습니다. 뉴욕증권거래소에 상장된 기업은 광고나 기업 홍보물 등에 "Listed NYSE" 같은 문구를 넣기도 합니다. 한국 기업 중에는 네이버의 자회사 라인도 뉴욕증권거래소에 상장돼 있고 포스코, KB지주, 신한지주, 우리은행 등도 상장돼 있습니다.

나스닥(NASDAQ)은 한국 코스닥의 모델이 된 장외주식시장으로 마이크로소프트, 인텔, 애플, 페이스북, 넷플릭스 등 전 세계 벤처기업들이 상장된 특별주식시장입니다. 나스닥은 뉴욕증권거래소에 비해 상장조건이 까다롭지 않아 적자를 보고 있는 신생기업도 상장이 가능하기 때문에 많은 기업들이 등록해 투자를 받고 있습니다. 그래서 등록된 기업 수가 뉴욕증권거래소를 앞지르기도 합니다.

그러나 급성장한 IT 기업인 우버와 인기 음원스트리밍 업체인 스포티파이가 나스닥이 아닌 뉴욕증권거래소에 상장을 해 화제가 되었습니다. 핀터레스트와 에어비앤비 역시 나스닥이 아닌 뉴욕증권거래소에 상장할 것이 유력하다고 알려졌습니다. 젊은 기술주들이 당연히 나스닥을 선택했던 과거와는 달리 다소 올드한 이미지가 있었던 뉴욕증권거래소에 상장해 두 거래소 간 경쟁이 불붙고 있습니다.

아멕스(AMEX, American Stock Exchange)는 위 두 거래소에 비해 중소기업들이 많이 상장돼 있습니다. 스타트업 기업처럼 변동성이 큰 주식들이 많아 시세차익을 볼 수 있는 장입니다.

다우지수, S&P500지수, 나스닥지수 같은 용어를 많이 들어보셨을 겁니다. 뉴욕증권거래소 또는 나스닥에 상장된 기업 중 30개, 또는 500개 기업을 뽑아 선별한 지수입니다. 쉽게 말하면 교보문고 베스트셀러, 예스24 베스트셀러, 지역 독립서점 베스트셀러와 비슷하다고 보면 됩니다. 베스트셀러에 선정된 책이 비슷한 듯하지만 서점의 성격에 따라 다르듯, 각각의 지수 역시 특성에 맞는 기업을 선정하고 종합해 발표합니다.

다우지수30

미국의 다우존스 사가 가장 믿을 수 있고 안정된 초우량기업 30개를 표본으로 시장가격을 산출한 세계적인 주가지수다. 111년 간 30개 종목 안에 속해 있던 미국의 GE가 2018년 퇴출되고 드럭스토어로 유명한 월그린이라는 기업이 편입돼 화제가 됐다. 현재 3M, AT&T, 애플, 보잉, 코카콜라, 디즈니, 엑손모빌, IBM, 나이키, MS 등의 종목이 속해 있다.

나스닥100

나스닥에 상장된 종목 중 시가총액 및 거래량이 큰 100개 기업으로 이루어진 지수를 뜻한다. 미국의 IT, 소프트웨어 기업인 어도비, 애플, 페이스북, 넷플릭스 등이 속해 있다.

S&P500지수

국제신용평가기관인 스탠더드 앤드 푸어스 사가 500개 종목의 우량 기업을 선정해 발표하는 지수다. 500개 종목의 주식을 기준으로 한 지수로, 30개 종목의 주식을 선정하는 다우존스지수보다 포괄적이기 때문에 시장 동향 파악이 용이하다는 평가를 받는다. MS, 애플, 아마존, 구글 등 미국을 대표하는 기업은 물론 공업주(400종목), 운수주(20종목), 공공주(40종목), 금융주(40종목)의 그룹별 지수가 있어 사실상 미국 산업을 대표하는 지수라 불린다.

미국의 투자전문지 〈인베스터스 비즈니스 데일리〉에 따르면 지난 10년간 미국의 주가는 186% 증가한 반면 다른 국가의 주가는 50% 증가했다고 합니다. 또 2019년 12월 27일 미국의 주가는 29% 증가한 데 반해 다른 국가에서는 19% 증가했습니다(출처 'U.S. Stock Market Vs. World: Can Global Equity Markets Beat U.S. In 2020?', 2019. 12.30). 주식에 대한 미국인들의 관심이 얼마나 높은지 확인할 수 있는 객관적 수치입니다.

투자에 관심이 높은 미국인들과 미국 기관들은 이머징 마켓에도 눈을 돌렸습니다. 1990~2000년대 초반, 폭발적으로 성장한 한국주식시장에서 삼성전자 주식으로 가장 이익을 본 것은 대한민국 국민이 아니라 미국 국민과 미국기관들이었습니다. 우스갯소리로 당시 세계에서 가장 삼성을 얕보는 사람들이 여의도 증권맨이라는 농담이 있을 정도였습니다. 물론 우리나라 사람들이 세계 속의 삼성전자나 세계 1등 디스플레이 LG 디스플레이를 얕본다는 말이 아닙니다. 하지만 삶의 반경에 있어 익숙한 기업에 대한 편견을 가진 것은 아닌지 돌아보게 하는 일화입니다.

Make Money
in Stocks

해외 투자를 고민한다면 미국을 먼저 담아야 하는 이유

박스권 안에서 지지부진하게 움직이는 코스피를 떠나 역동적인 해외투자를 경험하고 싶다면 우선 미국 시장이 가장 수월합니다. 가장 큰 이유는 이중환전이 필요 없기 때문입니다. 베트남이나 인도네시아에 투자하기 위해서는 원화를 달러로 바꾸고, 또 해당 국가의 돈으로 다시 한번 환전을 해야 합니다. 또 달러는 위안화나 유로에 비해 익숙하게 접해왔기 때문에 돈에 관한 감각을 수월하게 가져갈 수 있다는 장점도 있습니다.

미국달러는 세계 기축통화입니다. 장기적으로 볼 때 사두면 손해 보는 장사는 아닙니다. 값어치가 사라지는 통화가 아니기 때문입니다. 그래서 주식을 하는 사람들은 달러환율이 싸지면 달러를 많이 사두곤 합니다. 세계 주가가 떨어지면 달러환율도 오르기 때문에 미리 준비를 하는 것이죠. 또 영어권이라 상대적으로 기업 정보와 기사 접근이 쉽다는 것도 장점입니다.

또 미국주식시장에 상장된 기업 중에는 세계 1위 기업이 많습니다. 그만큼 여러분들이 소비하고 있는 생활 속 미국 기업들이 다수이기 때문에 기업에 대한 공부나 평가를 하기에 수월하다는 장점이 있습니다. 우리 주변에서 흔히 만날 수 있을 법한, 어느 20대 싱글 남성의 하루를 살펴볼까요?

◆ ◆ ◆

안 대표의 하루

부동산 중개사인 20대의 안 대표는 주 6일 근무를 한다. 주말에는 스포츠 센터에서 수영강습도 하는 수영 강사다. 그는 매일 맥북으로 부동산 블로그에 글을 남기는데 졸음을 쫓기 위해 스타벅스 벤티사이즈의 아메리카노를 마신다. 매물로 나온 집의 내부 사진을 찍어 어도비 사의 포토샵으로 리사이징한 후 보정을 해 블로그에 올린다.

손님들과 집을 보러 다니는 일이 많아서 늘 나이키 운동화를 신는다. 하루의 스케줄은 구글에 저장해 아이폰 스케줄러와 연동하고, 마이크로소프트 사의 엑셀에 거래한 매물을 정리한다. 뒤늦은 점심은 맥도날드의 햄버거와 코카콜라로 허기를 달랜다.

아침부터 저녁까지 열심히 일한 안 대표는 집에 와서 보내는 개인시간도 너무 소중하다. 무엇보다 그는 페이스북과 인스타그램으로 지인들과 소통하며, 구글이 인수한 유튜브에서 강의를 찾아본다. 친구 네 명과 공유하고 있는 아이디로 넷플릭스를 보면서 하루를 마무리한다. 주말에는 수영강습을 마무리하고 일주일 치 장을 보기 위에 코스트코에 들른다. 질레트 면도기와 오랄비 칫솔을 사고 요리를 잘 하지 못하는 그에게 스팸은 필수 장바구니 품목이며 스피키 땅콩잼도 쟁여두는 편이다. 현금을 들고 다니지 않는 그는 이번 겨울에 태국여행에서 쓸 목적으로 비자카드를 발급받고 타이항공 비즈니스 클래스를 예약해두었다. 편안한 휴식과 조식 서비스가 만족스러웠던 밀레니엄 힐튼호텔에 투숙할 예정이다.

◆ ◆ ◆

비슷한 소비를 하시는 독자님들 많지 않으신지요? 찾으셨는지 모르겠지만 이 안에는 미국의 우량주가 다 있습니다. 특히 필수소비재 기업은 미국의 대표 우량주로서 글로벌 시장을 정복한 기업들이 많이 있습니다. 필수소비재는 소비하지 않으면 안 되는 물품이기 때문에 투자했을 때 리스크를 최소화하는 완충작용을 합니다.

스타벅스, 코카콜라와 맥도날드, 나이키와 애플, 아이폰과 맥북, 마이크로소프트, 넷플릭스와 코스트코, 구글과 페이스북도 빼놓을 수는 없겠지요? 디자이너와 유튜버들이 필수로 쓰는 포토샵과 프리미어 프로그램은 모두 어도비의 제품입니다. 질레트와 오랄비는 프록터앤갬블의 브랜드입니다. 호멜푸드는 조금 낯선 기업이지만, 우리가 마트에서 쉽게 구할 수 있는 스피키 땅콩잼과 스팸을 만들어내고 베이컨을 생산합니다. 비자카드와 짝꿍으로 적힌 타이항공은 대부분 보잉사의 비행기로 운항합니다.

중국이나 베트남 기업들은 아직 우리에게는 많이 낯설고 공부해야 알 수 있는 기업이 대부분입니다. 많은 투자 전문가들은 생활 속 비교 가능한 친숙한 기업을 고르라고 강조합니다. 개발된 신약이 좋은지 나쁜지, 어떤 장단점이 있는지 판단하기 어려운 바이오기업에 투자하는 것보다 새로 출시된 라면이 맛있는지 맛없는지 쉽게 알 수 있는 기업에 투자하는 것이 좋습니다. 생활 속에 밀접하게 자리 잡은 기업이기에 미래 성장 모습도 보다 쉽게 예측해 평가하고 투자할 수 있습니다.

포토샵과 프리미어를 매일 쓰는 디자이너라면 어도비사가 출시한 새 버전이 어떠한지, 회사 방침은 어떻게 소비자를 끌어모으려 하는지, 최근 이미지 영상의 발달에 따라 이 회사가 어떻게 성장할지 가늠하고 예측할 수 있을 겁니다.

소비자로 제품을 쓰다 문득 '얘네들 진짜 장사 잘한다, 정말 똑똑하다' 하는 생각이 든다면 꼭 그 기업 주식을 사시길 바랍니다. 스승도, 비싼 원포인트 레슨도 필요 없는 최고의 종목 발굴법입니다.

Make Money in Stocks

미국의 초우량주, MAGA를 아시나요?

해외주식을 하는 분들은 FAANG에 대해서 잘 알고 계실 겁니다. 미국의 IT 산업을 선도하는 글로벌 기업인 페이스북(f), 아마존(a), 애플(a), 넷플릭스(n), 구글(g)의 머리글자를 따서 만든 단어입니다. 여기에 마이크로소프트를 추가해 FAMANG이라고도 불리고, 주가 등락에 따라 넷플릭스가 빠지고 테슬라가 들어가 FAGAT이라는 용어도 생겼습니다.

2014년부터 2017년까지 FAANG기업의 주가는 180%나 뛰었습니다. 5개 기업의 시가총액은 미국 국내총생산(GDP)의

13% 정도를 차지하는 규모입니다. 이 기업들의 주가가 등락하면 다우지수나 나스닥지수도 크게 흔들립니다. 넷플릭스를 제외한 4개사는 마이크로소프트와 함께 2017년 1년간 세계 시가총액 톱5 자리를 독점해왔습니다. 시장의 불확실성이 강해질수록 미국 기술을 주도하는 이 업체들에 세계의 돈이 몰리고 있습니다. 이제는 MAGA의 시대로 마이크로소프트, 아마존, 구글, 애플이 주도할 것이라고들 이야기합니다.

'잠자고 있던 IT 공룡' 마이크로소프트(이하 MS)가 다시 기지개를 켜고 있습니다. 전통적인 사업 영역이었던 소프트웨어 외에 퍼블릭 클라우드 서비스인 애저(Azure)를 출시해 아마존 웹서비스(AWS)가 주도하던 시장에 도전장을 냈습니다. 그리고 2019년 10월, 아마존을 제치고 100억 달러 규모의 미국 국방부 클라우드 사업을 따낸 MS는 클라우드 시장에서 1위 아마존에 이어 2위를 차지하고 있습니다. 애저의 매출은 전체 MS 매출의 1/4을 차지합니다. 또 화상회의 협업솔루션인 MS의 '팀즈(Teams)'도 코로나19 사태로 호재를 맞았는데, 거기에 기존의 시장 1위인 중국 화상회의 프로그램 '줌(Zoom)'의 보안 문제가 불거지고 회의 내용이 유출되는 등 금지령이 내려지자 대안 프로그램으로 더 각광을 받았습니다. 사티아 나델라는 CEO로

부임한 이후 MS를 부활시켰고 일각에서는 '나델라상스'라고 표현할 정도로 MS의 부활은 화제였고 주가도 상승 중입니다.

아마존은 '아마존드(Amazonned, 아마존에 의해 점령되고 파괴된다는 의미)'란 신조어까지 생길 정도로 많은 기업을 사들이고 관여해서 핵심 사업이 무엇인지 알 수 없을 정도입니다. 물류부터 식품, 헬스케어까지 진출하는 모든 분야마다 장악해 승기를 꿉고 있습니다. 아마존의 사업영역은 크게 쇼핑, 프라임, 클라우드로 나뉘는데 사업 부문별 매출 비중을 보면 온라인 매장이 53%, 오프라인 매장 8%, 제3자 판매 서비스 18%, 구독서비스 6%, AWS가 11%입니다. AWS는 전체 매출에서 차지하는 비중은 적지만, 아마존의 여러 사업영역 중 가장 이익기여도가 높습니다. 또한 홀푸드마켓도 인수해 몸집을 불리고, 아마존고, 포스타 등 오프라인 매장들을 열면서 혁신을 시험하고 있습니다.

전 세계 검색량의 90%를 점유하고 있는 구글은 2006년 유튜브를 인수했습니다. 당시 1조 6,500억 원이라는 최고의 인수가격으로 화제가 됐지만 지금 유튜브의 기업 가치는 200조가 넘습니다. 구글은 기존의 검색엔진 광고수익 외에 유튜브의 시대가 도래하자 수입원이 다양해지고 강력해져 2020년 현재는 디지털 광고시장의 최강자가 되었습니다. 여기에 퍼블릭 클라우드 서비스에도 진출하고 자율주행 시장에도 뛰어드는 등 미래를 주도할 AI의 선봉장이 되기 위해 투자를 계속 이어나가고 있습니다. 구글의 인공지능 연구 조직인 '구글 AI'에 따르면 2019년에 출판된 구글의 인공지능 논문 건수는 712건에 달한다고 합니다. 이세돌 9단과 대국을 둔 알파고도 구글의 자회사 딥마인드의 프로그램입니다. 구글은 기존의 검색 엔진, 인터넷 포털 비즈니스에서 바이오와 인공지능 기업으로 전환하는 데 총력을 기울이고 있습니다.

애플은 전자기기의 명품과도 같은 아이폰과 아이패드의 입지를 바탕으로 팬덤을 굳건하게 지키고 iOS 운영체제를 통한 디지털 플랫폼을 확보해 시가총액만큼은 연일 상종가를 경신하고 있습니다. 하드웨어 혁신은 정체됐다는 평이지만 플랫폼 서비스라는 새로운 시장을 향해 나아가고 있습니다. 이런 방향성으로 아이튠즈를 접고 애플뮤직, 애플TV플러스, 애플아케이드 등을 발표해 구독 경제로 나아간다는 계획을 세우고 있으며, 애플워치 등의 개인기기를 통한 헬스케어 쪽으로도 사업을 넓히고 있습니다.

Make Money
in Stocks

주식으로 연금받자, 리츠주

미국주식투자에서 한국 사람들이 빠질 수 없는 투자가 있습니다. 바로 '리츠(REITs, Real Estate Investments Trusts)주식'입니다. 리츠주식이란 부동산 신탁투자회사를 뜻합니다. 투자자들의 돈으로 대형 상업용 부동산을 산 후 그 수익을 투자자와 나누어 갖는 금융상품으로, 미국법으로 임대수익의 90%를 반드시 투자자들에게 배당하도록 규제하고 있어서 주식 대비 일관되고 높은 배당수익률을 얻을 수 있습니다. 땅과 부동산에 높은 소유욕을 가지고 있는 우리 민족이 관심을 가질 수밖에 없는 분야입니다.

제가 만났던 투자자 중에서 아무런 걱정이 없어 보이는 분이 있었습니다. 말수 적은 노신사였는데 원칙에 따라 넘치지 않는 투자를 하는 분이었습니다. 늘 인내심을 잃지 않는 성격이었으며 누구에게나 친절하게 자신의 투자원칙을 공유했습니다. 그분은 본인은 투자에 대한 씨를 뿌렸고 한 달에 한 번 물만 주면 되는 상황이라며, 더 이상 갖가지 투자법에 대해 고민하고 토론하지 않겠다고 말하셨습니다.

그가 매매한 것은 미국의 대표적인 리츠전문주식인 리얼티인컴이었습니다. 그는 자신의 여유자금 2억 원을 모두 이 주식에 투자했습니다. 리얼티인컴은 사실상 미국의 모든 주라고 봐도 무관한 49개 주에 5,000개 이상의 부동산을 소유하고 있습니다.

미국 리츠주는 월배당을 주는 곳이 많은데 리얼티인컴은 매해 6~7%를 월배당으로 나누어서 지급합니다. 그럼 지금부터 단순 계산에 들어가 보겠습니다(어디까지나 단순계산이고 환율에 따라 다를 수 있습니다). 투자금 2억 원을 6%의 연배당으로 받는다고 하면 1,200만 원입니다. 이 배당금을 12개월로 나누면 한 달에 꼭 100만 원입니다. 이 투자자분은 배당금을 전부 재투자하여 다시 리얼티인컴주를 사겠다고 했으니 한 달에 17~18주 정도를 재매수할 수 있게 됩니다. 매달 17~18주씩 1년이면 216주 정도이고 이렇게 배당금을 계속 재배당할 경우 10년이면 1억 2,000만 원, 재투자 주식은 약 2,000주가 넘습니다. 10년 뒤에는 적어도 원금은 3억 2,000만 원 그리고 배당금은 월 100만 원에서 160만 원으로 뛰게 됩니다.

조금 더 저렴한 가격에 매수할 수 있는 애플호스피탤리티리츠는 젊은 사람들이 선호하는 리츠주식입니다. 애플리츠는 메리어트호텔이나 하야트호텔 등 미국 231개 호텔을 기초자산으로 미국 34개주 87개 지역에 위치한 235개 호텔에 3만 개가 넘는 객실을 보유한 기업입니다. 호텔을 직접 운영하는 것이 아니고 리츠 특성상 호텔에 임대하는 방식으로 사업을 합니다.

젊은 세대가 이 기업을 선호하는 이유는 아마도 여행에 돈을 아끼지 않고, 호텔에 대한 경험치가 높은 세대여서일 겁니다. 이들 세대는 당연히 비수기나 호황기에 대해서도 잘 알고 있을 테니 적기를 잘 파악해 투자를 할 수 있겠죠.

애플리츠는 리얼티인컴보다 더 안정적으로 연배당 7% 정도를 유지하고 있는데, 우리나라 은행의 적금이나 주식에서는 쉽게 찾아볼 수 없는 고배당 리츠주식입니다. 리얼티인컴에 비해 주가가 저렴해 2020년 1월 기준 14~16달러 정도였습니다. 현금 대신 달러로 배당받고 주식을 모으는 투자자도 있습니다.

2020년 초반 하나은행에서 이자 5.1%의 적금이 출시되었을 때 은행의 서버가 멈추고 2~3시간을 기다려야 접속이 가능했습니다. 고금리시대는 지나간 지 오래입니다. 이 주식에 투자한 30대 초반의 투자자는 이런 말을 했습니다.

"700만 원을 투자했는데 일 년에 50만 원 주는 적금은 어디에도 없을 걸요? 그리고 지금처럼 달러 환율이 1,200원이 넘을 때는 5% 정도는 더 이익이죠."

코로나19 이후, 리츠주의 미래

그러나 이번 2020년 코로나19 사태로 발발된 세계경제 위기는 항공, 호텔, 여행사는 물론 월세를 받아 운영하는 부동산 기업에 큰 타격을 입혔습니다. 월배당으로 한국인들이 선호했던 애플리츠나 리얼티인컴도 예외는 아니었습니다.

주가 폭락 후 다른 우량 기술주는 어느 정도 회복을 하고 있지만 리츠주는 시간이 걸릴 듯합니다. 실물경제와 밀접한 관련이 있어 실제 경제회복이 되어야 반등할 수 있을 겁니다. 애플리츠는 당분간 배당을 지급하지 않겠다고 발표했습니다. 배당보다 사태 정상화가 우선이라는 판단으로 앞으로 계속 배당을 중지하거나 예전처럼 높은 배당을 하지는 못할 것으로 보입니다. 반면 리얼티인컴은 오히려 2020년 4월 배당률을 높였습니다.

실물경제 타격으로 실업률이 늘고 월세를 내지 못하는 기업 또는 소매점이 늘어나면 리츠주도 타격을 입을 수밖에 없습니다. 하지만 그 안에서도 위기를 타개하는 기업들이 있게 마련입니다.

간혹 리츠주를 채권과 같이 안일하게 생각하시는 투자자들이 있었는데 어떤 주식이든 채권과 같을 수는 없습니다. 안전한 주식도 결국 원금손실의 위험성을 안고 있다는 점 명심하시기 바랍니다.

Make Money
in Stocks

미국주식 거래하다 폐인되는 이유

주식과는 달리 24시간 거래를 할 수 있었던 비트코인 광풍이 대한민국을 휩쓸던 시절, 투자자들은 뜬눈으로 밤을 지새웠습니다. TV 다큐멘터리에서도 비트코인으로 인해 퇴사하거나 일상생활에 지장을 받은 사람들의 이야기가 많이 소개됐습니다.

정신건강을 지키며 즐기는 투자를 하자는 게 생활신조인 저는 당시 비트코인에 탑승했다가 바로 하차벨을 눌렀고 다시는 뒤돌아보지 않았습니다.

미국주식도 비슷합니다. 시황을 제대로 보고 매수를 하려면 밤을 새워야 합니다. 밤 11시 30분에 개장하니(썸머타임이 적용되면 밤 10시 30분) 직장인들은 개장 시황을 확인하려다 새벽 2~3시까지 지켜보게 되는 날도 많습니다. 물론 미국장을 보면 그다음 날의 환율도 예측이 가능하며 한국 코스피, 코스닥 지수도 짐작할 수 있으니 여러모로 유용한 것은 사실입니다. 특별한 이슈가 없다면 미국장에서 우량주들이 선전한 날은 한국장의 주가와 환율이 좋습니다.

저의 머니메이트 K는 일산에서 동국대입구역으로 출퇴근합니다. 미국주식을 시작한 초반에는 0.1달러라도 저렴하게 사겠다는 일념으로 새벽 2~3시까지 거래를 했습니다. 덕분에 출근길에 졸아 몇 차례 한강을 건넜고 택시를 타고 되돌아와 출근했다고 합니다.

컴퓨터 프로그래머인 30대 후반의 K는 미국주식을 거래하면서 소소한 수익을 얻어서 자신감을 얻었다고 했습니다. 한국주식보다 믿은 만큼 올라주는 것 같다고 자부했습니다. 그렇지만 시간대가 수면을 해야 하는 시간이고 출근이 힘들다는 생각에 전문 투자자가 되보겠다며 성급하게 직장을 그만두었습니다.

그러나 생각보다 전업 투자자의 길은 쉽지 않았습니다. 결국 K는 전업투자 3개월 만에 다시 취직을 준비하고 있습니다.

직장인의 경우 미국 거래시간이 생활 사이클과 정반대이므로 적당한 가격에 매수를 걸어두고 잠을 자거나 부담 없이 금요일에 매수하는 것을 추천합니다. 롤러코스터 장이 아닐 때 유용한 방법입니다.

저는 코로나19 때 밤 10시 30부터(썸머타임 적용) 미국주식을 매수하고 새벽 4시에 잠든 후 다음날 9시에 한국장을 보기 위해 일어났습니다. 오전 11시부터는 중국과 이머징장을 둘러보고, 오후에 생업인 학원 강의를 한 후 밤 10시에 퇴근해 바로 주식시장을 보는 사이클을 지속했습니다. 그렇게 한 달 이상 강행군을 하다 보니 심한 구내염과 속쓰림 현상으로 병원 신세를 져야 했습니다. 거기에 치아도 약해져 치과에서 잇몸치료와 신경치료도 받아야 했습니다. 무엇이든 과하면 지속하기 어렵습니다. 자기만의 생활 사이클을 잘 지켜가면서 투자하는 것이 중요합니다.

5

달리는 말에 올라타라, 중국주식 이야기

중국주식시장 기초 정보

■ 거래시간
홍콩시장 | 한국시간으로 10:30~13:00, 14:00~17:00
상하이, 심천시장(중국본토) | 한국시간으로 10:30~12:30, 14:00~16:00

■ 거래통화
홍콩시장 | 홍콩달러
상하이, 심천시장 | 중국위안화

■ 기본 거래 단위
홍콩시장 | 기본 100주부터 20,000주 이상까지 기업별로 다름
상하이, 심천시장 | 기본 100주 거래

■ 홍콩, 상하이, 심천시장 거래 시 유의사항 | 대부분 15분 늦은 거래 가격이 공시된다. 실시간 시세 서비스를 유료로 제공하는 증권사도 있으며, 마케팅 차원에서 무료로 제공하는 증권사도 있다.

■ 홍콩주식, 중국본토(상하이, 심천) 거래 가능 증권사 | 미래에셋대우, 삼성증권, NH투자증권, KB증권, 한국투자증권, 키움증권 등

Make Money
in Stocks

좋든 싫든 중국을 공부해야 할 때

2015년 처음 직접투자를 시작했을 때 저는 주위에 차마 중국주식을 샀다는 이야기를 할 수 없었습니다. 비트코인 투자자들조차 중국주식을 왜 사냐며 비웃었을 때니 말입니다. 은행직원조차 제게 중국펀드는 지금 가입하면 안 된다는 조언을 줬을 정도였습니다. 하지만 저는 모두가 말리던 중국 투자로 흡족한 수익을 거두었습니다. 중국은 미국 다음으로 큰 주식시장으로 성장했습니다. 특히 선진국인 미국과 비교할 수 없는 경제 성장 속도와 인구 규모는 우리가 중국 증시를 주목해야 하는 가장 큰 이유이기도 합니다.

워런 버핏, 조지 소로스와 함께 3대 투자 대가로 꼽히는 짐 로저스는 이렇게 말했습니다.

"싫든 좋든 이제는 아시아의 시대다. 그것을 인정해야 한다."

실제로 그는 자신의 늦둥이 두 딸을 싱가포르의 화교학교에 입학시켰습니다. 성공한 화교가 많이 있는 싱가포르에 정착해 중국의 문화를 익히고 중국어도 배우게 한 것입니다. 현재 자녀들은 런던 학교에 다니고 있지만 짐 로저스 부부는 아직도 싱가포르에 정착해 살고 있습니다. 트럼프 대통령도 중국과 날을 세우는 외교를 펼치면서도 손녀에게는 중국어를 배우게 했습니다. 미중 정상회담에서 트럼프 대통령이 시진핑 주석에게 중국어로 노래하는 손녀의 영상을 보여주는 장면이 화제가 되기도 했었죠.

저는 멘티들에게 중국주식은 사지 않더라도 환율공부는 꼭 홍콩달러와 중국위안화까지 모두 하라는 과제를 드립니다. 중국은 성장 가능성이 높고, 미국에 비해 아직 저평가된 우량주가 많기 때문입니다. 예를 들어 미국의 우량주인 구글이나 아마존을 한 주 사기 위해서는 각각 150만 원, 250만 원 이상이 필요합니다. 반면 중국을 대표하는 주식 알리바바는 미국에 상장된 주가가 25만 원 정도이며, 홍콩에 상장된 알리바바는 한 주에 3만 원 정도입니다.

미국 아울렛에서 새벽 쇼핑하고 유럽 명품 기업에서 주는 배당금을 받는 건 어떨까요? 그리고 도매는 역시 중국, 홍콩이 아닙니까?(중국, 홍콩은 최소 구매 단위가 100주입니다)

중국 시장은 현재 총 3개의 주식시장이 외국인의 투자를 허용하고 있습니다. 첫 번째로는 가장 먼저 개방을 맞은 아시아의 허브 투자시장인 홍콩의 항셍주식시장, 그리고 2014년 외국인에게 개방된 첫 본토 주식시장인 상하이주식시장, 마지막으로 2016년에 선강퉁('선'은 선전, '강'은 홍콩, '퉁'은 통한다는 의미로 중국 선전 증시와 홍콩 증시 간 교차거래가 허용된다는 뜻입니다. 이에 따라 외국인들이 홍콩을 통해 심천 직접투자가 가능해졌습니다)으로 개방된 심천시장이 있습니다.

1. **항셍주식시장(홍콩) | 텐센트홀딩스, 알리바바그룹, 샤오미그룹, 굿닥터, 하이디라오 등이 상장돼 있다**
2. **상하이주식시장(중국본토) | 귀주모태주, 중국국제여행사, 해천미업, 평안보험(홍콩에도 상장되어 있음), 항서제약 등**

이 상장돼 있다.

3. 심천주식시장(중국본토) | 오량액, 메이디그룹 등이 상장 돼 있다.

홍콩주식만 홍콩달러로 거래되며. 나머지 상하이와 심천은 모두 중국 위안화로 거래됩니다. 2014년 처음 상하이 주식시장이 외국인에게 개방되자 외국인 투자자들의 폭발적인 관심을 끌면서 상하이 지수 6,000을 돌파하기도 했습니다. 그 후에 버블을 한차례 겪으면서 상하이 시장은 지수 3,000 정도를 유지하고 있습니다.

중국시장의 최소거래 수는 100주이며 종목에 따라서 200주, 500주 또는 만 단위를 넘어가기도 합니다. 보통 상하이와 심천에 상장된 주식들은 100주 거래가 기본이며, 홍콩시장은 100주부터 2만 주까지 다양하게 최소거래를 허용합니다.

간혹 상하이 주식시장에 상장되어 있는 종목이 홍콩에서도 거래가 가능하고 홍콩에 상장된 종목이 미국에서도 거래되는 경우가 있는데 차이가 있다면 최소거래 주식수와 어떤 화폐로 거래가 가능하냐의 차이 정도이지 결국 같은 기업에 투자하는 것입니다. 가령 알리바바홀딩스 주식을 홍콩에서 산다면 홍콩달러로 거래해야 하고 100주부터 거래가 가능합니다. 하지만 미국 시장에서는 달러로 1주부터 살 수 있습니다.

그동안 홍콩이나 상하이장이 많은 주목을 받아왔지만, 심천주식시장이 2016년 외국인의 거래를 허용하면서 심천 시장에만 상장된 많은 성장주들이 기대주로 주목을 받고 있습니다. G2가 된 중국이니만큼 그 성장 가능성에 대해서는 누구도 이견이 없을 듯합니다.

Make Money in Stocks

낯선 중국 기업, 알핑텐과 3마(馬) 회장을 기억하세요

미국주식편에서 여러분들은 직장인 '안 대표의 하루' 편을 기억하실 겁니다. 이 일화를 통해 미국주식은 우리가 접근하기에 친숙한 종목들이 많다는 것도 아셨을 겁니다.

중국 기업 하면 뭐가 떠오르시나요? 화웨이나 샤오미를 먼저 떠올리실 것 같습니다. 실제로 포털사이트에서 중국주식을 검색하면 '화웨이주식'이 상위에 뜹니다. 그렇지만 중국의 상하이시장이 개방된 2014년부터 우리나라 투자자나 외국인들이 주로 매수한 종목은 화웨이나 샤오미가 아닙니다.

이쯤 되면 중국주식은 낯설고 막연해집니다. 그래서 여러 분들이 잘 알고 계시는 알리바바의 마윈을 비롯해서 또 다른 두 마(馬) 회장, 텐센트의 마화텅과 핑안보험의 마밍저의 이야기를 해드릴까 합니다. 중국주식과 친해지며 더 넓은 눈으로 홍콩주식시장과 심천주식시장을 바라보는 기회가 되길 바라면서 말이죠.

14억 중국인의 일상 속에 숨쉬는 기업, 알리바바

중국의 CEO 중 제일 친숙한 이름은 알리바바의 창업주 마윈입니다. 그의 강연은 그가 벌인 사업만큼이나 많은 중국인들에게 울림을 주는 것으로 유명합니다.

"어렸을 때 가난한 것은 본인 잘못이 아니다. 그렇지만 40대에도 가난뱅이라면 그것은 당신의 잘못이다."

"세상에서 가장 같이 일하기 힘든 사람은 '가난한 사람들'이다. 자유를 준다고 하면 함정이라고 말하고, 작은 비즈니스를 하자면 별로 돈을 못 번다고 하고, 새로운 것을 시도하자고 하면 경험이 없다고 말하고, 전통적인 비즈니스는 어렵다고 하며, 새로운 비즈니스 모델이라고 하면 다단계라고 손사래를 친다."

송곳으로 찌르는 듯한 그의 직설적인 화법에 많은 중국인들은 열광합니다. 마윈은 전형적인 흙수저 기업가로 원래 직업은 영어 강사였습니다. 이후 그는 마음이 맞는 몇 명과 함께 IT 회사를 설립했는데, 회사명을 지으면서 고민을 많이 했다고 합니다. 세상 그 누구라도 알 수 있는 이름을 짓고 싶었다는 그는 '열려라 참깨'를 생각하면서 알리바바라는 이름을 내놓았습니다.

알리바바라는 이름은 들어봤지만, 정확히 어떤 기업인지 잘 모르시는 분들은 우리나라의 11번가나 옥션, 미국의 아마존을 생각하셔도 되겠습니다. 아마존을 벤치마킹해서 만든 회사이니 말입니다. 마윈의 알리바바는 3년간 수익이 없었습니다. 그러다 B2C 거래 플랫폼인 타오바오를 만들고 공격적인 전략으로 중국 대륙을 장악했습니다. 또, 미국의 블랙프라이데이처럼 '광군제'를 만들어서 대박이 났고 신화를 거듭해나갑니다. 참고로 광군은 빛나는 막대기라는 뜻인데, 11월 11일을 뜻하고 숫자 1이 4개가 있어 싱글들을 위한 날이라고도 불립니다.

알리바바는 2014년 중국이 아닌 미국주식시장에 먼저 상장되었습니다. 2019년에는 중국인의 염원대로 홍콩장에 상장되었는데 상장 첫 날 중국 시가총액 1위를 지켜온 텐센트를 젖히고 1위가 되었습니다. 성공적인 상장으로 알리바바는 5억 7,500만 주를 발행해 한국 돈으로 15조 2,000억 원을 조달했습니다. 또 두 나라에서 상장했기에 알리바바 주식은 뉴욕과 홍콩을 번갈아가며 하루 종일 거래가 가능한 기업이 되었습니다. 참고로 마윈은 현재는 회장직을 장룡에게 물려주고 평생 숙원이었던 교육사업의 꿈을 펼치며 공익사업과 강연을 이어가고 있습니다.

중국을 여행하기 위해서는 많은 준비가 필요합니다. 특히 스마트폰이 필수입니다. 일반 신용카드로 결제를 받는 곳이 드물어 결제를 위한 스마트폰앱을 설치해야 소비가 가능합니다. 일반 상점은 물론 노점에서조차 알리페이앱을 켜고 QR코드로 결제합니다. 또, 해외여행 시 요긴하게 사용되는 구글지도는 중국에서 무용지물입니다. 대신 바이두맵이라는 앱으로 지도를 보며 길을 찾곤 합니다. 또 카카오톡 대신 위챗을 사용하고 SNS는 웨이보를 사용합니다.

알리바바에서 만든 알리페이앱은 많은 중국인들이 사용하는 결제수단이자 알리바바 최고의 히트상품입니다. 알리바바는 전자상거래를 시작으로 '알리건강', '알리바바 픽쳐스'와 같이 생활건강과 영화, 문화산업까지 개입하고 있습니다.

실제로 제가 중국인 관광객이 많은 필리핀의 보라카이로 여행을 갔을 때 시내 마트에서도 알리페이로 결제를 하는 것을 보고 놀란 적이 있습니다. 대부분 중국인 관광객들은 마트에서 현금이나 카드 대신 핸드폰 바코드를 찍어 계산을 하고 있었습니다. 필리핀의 작은 마을에서도 알리페이로 거래를 하고 있을 정도니 그 영향력이 어느 정도인지 가늠해볼 수 있었습니다.

참고로 15억 중국인들의 스마트폰에 알리바바페이가 깔려 있으니 14억 인구와 IT 1위 국가인 인도의 인도페이 주식을 사야겠다는 생각을 할 수도 있습니다. 인도페이의 1대 주주는 알리바바입니다. 그리고 인도주식은 현재까지는 외국인이 살 수 없습니다.

알리바바는 현재 홍콩시장에서 홍콩달러로도 투자가 가능하며 최소 주문은 100주부터 가능합니다. 이 글을 쓰고 있는 2020년 5월 18일 현재 홍콩시장에서 202홍콩달러에 거래되고 있으니 한화로 약 3만 원, 100주면 최소 300만 원 이상이 있어야 매수가 가능합니다. 하지만 미국장에서는 달러로 1주씩 투자가 가능합니다.

중국을 넘어 세계를 삼키다, 텐센트의 마화텅

그러나 중국의 공룡기업으로 알리바바를 꼽지는 않습니다. 중국을 대표하는 공룡기업은 마화텅이 이끄는 텐센트홀딩스입니다. 텐센트는 알리바바그룹이 홍콩에 상장되기 전까지 홍콩주식시장 시가총액 1위 기업의 자리를 오랫동안 지켜온 기업입니다. 미국에 있던 알리바바가 2019년 11월 홍콩시장에 상장되기 전까지 텐센트는 아시아에서 가장 거대한 그룹이었습니다. 지금은 알리바바에 이어 홍콩주식시장 시가총액 2위가 되었습니다.

마화텅 회장도 텐센트를 벤처기업에서 굴지의 대기업으로 만들었으며, 그의 프리젠테이션 역시 마윈 회장만큼 자주 회자됩니다. 텐센트의 주종목 중 하나는 게임입니다. 게임을 즐겨 하는 독자분들이라면 텐센트를 너무나 잘 아실 겁니다. 텐센트는 한국과 미국의 수많은 인기 게임들을 먹어치운 거대기업입니다.

얼마 전 남자 고등학생들에게 우리나라 PC방의 인기 게임이 무엇인지 물어보니 배그(배틀그라운드)와 LOL(리그오브레전드)라고 하더군요. 두 게임을 텐센트가 갖고 있습니다. 텐센트는 미국에서 개발한 온라인 대전게임 리그오브레전드를 제작한 라이엇게임즈도 인수했습니다. 한국 넷마블의 3대 주주이자 카카오의 2대 주주이기도 합니다. 또 한국의 유명 엔터테인먼트 회사에 투자 규모를 늘리며 한류 문화사업에도 영향력을 키우고 있습니다.

몇 년 전에는 무인 편의점을 선보여서 세상을 놀라게 했습니다. 또한 모바일메신저 위챗과 메신저서비스 QQ, 검색엔진 바이두 등을 성공시키며 알리바바에 이어 중국 IT업계를 이끌고 있습니다. 위챗은 중국판 카카오톡으로 공산주의 국가인 중국 본토에서는 페이스북이나 카카오톡, 구글 기반의 그 어떤 메신저도 사용할 수 없습니다. 오로지 위챗만 가능합니다. 알리페이에 이어 위챗페이도 중국의 간편결제 시장을 양분하고 있습니다.

텐센트홀딩스는 현재 홍콩주식시장에 상장되어 있습니다. 위안화가 아닌 홍콩달러로 매수할 수 있으며 기본 100주를 사야 합니다. 앞으로 텐센트가 얼마만 한 사이즈의 공룡이 될지 궁금합니다.

중국인의 평안을 책임진다,
마밍저 회장의 핑안보험그룹

3마(馬) 회장 중 가장 큰형격인 마밍저 회장은 중국핑안보험그룹을 이끌고 있습니다. 중국 핑안보험그룹(이하 핑안보험)은 상하이와 홍콩에 상장되어 있는 대륙의 보험입니다. 이 말은 즉 홍콩달러로도 거래할 수 있고 위안화로도 거래할 수 있다는 뜻입니다. 중국 우량주 톱10에 빠지지 않고 이름을 올리는 기업이기도 합니다.

중국은 오랫동안 한 자녀 정책을 강력하게 펼쳐왔기에 현재 중국의 고령화 속도는 독일이나 일본, 한국보다 빠릅니다. 유엔의 인구 통계에 따르면 중국 인구는 2030년에 14억 2,000만 명으로 정점에 달한 뒤 하락 국면에 접어든다고 합니다. 이후 매년 500만 명씩 인구가 줄어 2100년이 되면 10억 명 수준으로 축소될 거라고 전망합니다. 최근 중국 정부에서는 산하제한 정책을 폐지했음에도 급격한 현대화를 겪어서인지 아이 하나만 낳아서 잘 키우자는 인식이 자리잡았습니다.

중국인들이 가장 좋아하는 숫자는 8인데 숫자 8은 '번성하다'의 의미가 있습니다. 그리고 중국인이 가장 좋아하는 색은 붉은색, 좋아하는 단어는 '평안하다(平安, 핑안)'라고 합니다. 국내 한 텔레비전 프로그램에서 우리나라 연예인이 중국인 남편과 결혼하여 첫 출산에 임박하였을 때 중국인 시부모가 아기방을 꾸미면서, 빨강색 종이위에 '평안'이란 글자를 써서 붙여주는 것을 본 적이 있습니다.

중국 핑안보험은 말 그대로 중국인이 가장 좋아하는 의미인 '평안'과 '보험'을 결합한 회사로 중국 1등 보험사입니다. 중국 최대의 금융종합지주회사로 생명보험을 주력으로 하지만 보험, 은행, 핀테크서비스 등 전반적인 금융서비스를 제공하고 있습니다.

평안보험은 부동산 투자 실력도 탁월한데 상하이 노른자 땅에 핑안보험빌딩을 세웠고 2013년는 영국의 랜드마크인 로이드보험사 건물을 2억 6,000만 파운드에 사들이기도 했습니다. 상하이나 영국의 부동산은 세계적으로 비싸기로 유명합니다. 핑안보험의 자본력을 엿볼 수 있는 부분입니다. 수많은 보험사가 중국 내에 존재하고 홍콩에도 세계적인 보험사의 본사도 많이 있지만 핑안보험이 조금 더 미래 지향적인 것은 보험에 IT를 결합해 시장을 선점했기 때문입니다.

3馬 회장 손을 맞잡다, 인터넷 전문 보험 '중안보험'의 탄생

알핑텐을 아셨다면 중국투자의 큰 부분을 알게 된 겁니다. 이렇게 중국을 꽉 잡고 있는 알핑텐, 3마(馬) 회장이 만든 합작회사가 있습니다. 시작부터 화제였던 마 회장들의 합작품 '중안온라인재산보험공사(이하 중안보험)'는 전문보험사인 핑안보험과 IT 전문기업인 텐센트, 알리바바가 만들어낸 인터넷 전문보험사입니다.

처음부터 화제를 모았던 중안보험은 생각과는 달리 주가가 크게 떨어진 적이 있기도 했는데 인터넷으로 보험을 든다는 것이 낯설었기 때문이었습니다. 그러나 2020년 코로나19가 터지고 난 뒤 사람을 만나는 것을 기피하는 현상 때문에 폭락하는 주식시장, 아니 폭락하는 세계시장에서 수혜주가 되었습니다. 2019년에 주가는 18~20홍콩달러였으나 코로나19 사태가 터지고 30달러까지 올랐습니다. 2020년 4월 현재 주가는 28달러 선이며, 다른 기업 주가는 내려가고 있다는 점을 비교했을 때 굉장히 선방했습니다. 코로나19 때에 중국이 가장 먼저 주가가 내리고 가장 먼저 올랐는데 중국주식이 다 파란불일 때 상승세를 유지했던 주식은 중안보험과 핑안보험의 핑안굿닥터였습니다.

핑안보험이 만든 중국 최대 원격진료 플랫폼인 핑안굿닥터는 불을 뿜으며 연일 최고가를 경신하는 위엄을 보여주었습니다. 코로나19로 대부분의 중국 기업주가가 떨어졌음에도 주가 연일 신고가 기록 중으로, 글을 쓰고 있는 2020년 4월 9일 기준 87홍콩달러를 기록하고 있습니다. 2019년말 40달러 수준이었던 것에 비하면 거의 두 배 이상 주가가 폭등했다는 것을 알 수 있습니다.

중국은 인구 대비 의사 수가 부족합니다. 이를 겨냥해 핑안보험은 스티커 사진기처럼 생긴 '1분 진료소' 부스에서 기다리지 않고 24시간 의사의 상담과 처방을 받을 수 있는 시스템을 구축했습니다. AI를 활용해 진료를 보고 끝나면 약국에 따로 가지 않고도 밖에 있는 자판기에서 처방전을 통해 약을 구매할 수 있습니다.

실제로 2020년, 한국 전경련에서 발표한 자료(中, 日 원격의료 현황과 시사점)에 따르면 코로나19 사태 때 굿닥터에 11억 1천만 명 이상이 다녀갔다고 합니다. 중국 14억 성인 인구가 한 번씩 다녀갔다고 해도 무관한 수치입니다.

Make Money
in Stocks

15억 중국인의 맛에 투자하세요, 해천미업, 안기효모

유튜브나 블로그에는 국내주식과 해외주식들, 테마주 종목을 분석하는 차트를 올려놓고 그 가능성을 점치는 내용들이 넘쳐납니다. 그렇지만 정작 재테크를 경험하신 분들은 하나같이 이런 말씀을 합니다.

“투자보다는 종잣돈 모으기가 우선이고, 부동산을 보러 다니려면 법률공부를 해야 하며, 주식을 배우려면 산업공부를 먼저 해야 한다.”

산업공부를 하라는 이야기를 건네면 처음 주식을 시작하는 분들은 어리둥절해합니다. 하지만 정작 산업공부는 그다지 어렵지 않습니다. 예를 들어 볼까요.

웬만한 유명인보다 더 높은 브랜드 가치를 가진 그분, 백종원 씨가 세계 여러 곳의 도시를 다니면서 각 나라의 음식에 대해 설명하는 프로그램이 있었습니다. 멋진 영상과 백종원 씨의 설명에 빠져 시청하다 문득 음식을 조리하는 영상을 자세히 보게 되었습니다. 중국요리는 채소나 고기를 기름에 볶은 후 간장이나 굴소스 등으로 간을 맞추어 조리를 합니다. 저는 이 장면에서 중국의 대표 조미료, 간장 기업을 생각해보았습니다.

해천미업(거래소 상하이)이라는 기업이 있습니다. 해천미업은 간장과 굴소스를 비롯해 조미료와 식초 등을 제조·판매하는 중국 1위 식자재 기업입니다. 우리나라의 샘표간장, 미원과 비슷한 브랜드이지만 규모는 훨씬 큽니다. 해천미업에서 출시한 간장은 20년 연속 중국 시장점유율 1위를 기록하고 있습니다.

조미료는 사람들 입에 한번 길들여지면 쉽게 바꿀 수 없는 제품입니다. 또 해천미업 간장과 조미료는 아직까지 저가에 판매되고 있는데 프리미엄 라인의 제품군을 출시하며 추후 가격인상이 지속될 것으로 전망하고 있습니다. 소득수준이 높아질수록 우리나라와 일본처럼 소수 기업의 독과점화가 진행되면서 산업 집중도가 높아질 예정이고요. 그래서 해천미업은 한국 투자자들도 안정적인 투자 종목으로 선호하는 기업입니다. 우리나라의 CJ와 계약을 맺고 굴소스를 전격 수출하기도 했습니다.

대륙의 꽃빵은 슈퍼 사이즈
안기효모

필수소비재주는 그 나라 사람들이 살면서 반드시 사용해야만 하는 것, 사용하지 않으면 안 되는 제품을 의미하기에 어떤 나라에 투자하든 리스크가 적은 주식입니다.

한국에서 샘표간장이나 제일제당 같은 회사가 문을 닫아 간장과 설탕, 다시다가 만들어지지 않을 일이 발생할까요? 그럴 일은 없을 겁니다. 나라가 망해도 먹고는 살아야 하고 사람들은 늘 먹어왔던 음식을 기억하고 찾게 되니 말이죠. 물론, 필수소비재라고 해서 무턱대고 매수하는 것이 아니고 성장성도 봐야 하니 경쟁회사와 앞으로의 경쟁력, 경영 전략 등은 꼼꼼하게 살펴보셔야 합니다.

중국 요리 중에는 꽃빵을 빼놓을 수가 없습니다. 어떤 음식을 먹더라도 밥처럼 같이 먹고 한 끼 식사로 간단하게 먹기도 하며 요리에도 싸서 먹기도 하는 그야말로 만능 곁들임 음식입니다. 중국에 가지 않고도 연희동이나 구로 쪽 중국인들이 많은 곳에 가면 꽃빵을 쉽게 만나볼 수 있습니다. 크기도 우리가 일반 중국음식점에서 볼 수 있는 아담한 사이즈가 아니라 아이 얼굴을 가릴 만한 대형사이즈입니다. 빵을 만들 때 부풀어 오르게 하는 효모가 필요하다는 것은 잘 아실 텐데 효모회사 중 가장 유명한 회사가 안기효모로, 중국의 중산층 증가 수혜주로 불립니다.

안기효모는 꽃빵의 효모뿐 아니라 일반 베이커리의 이스트, 술을 빚는 주조용 효모도 만들고 있습니다. 중국 인구 중 도시화되는 계층이 늘어나는 과정에서 식생활도 서구화되어 중국 내에서 빵의 수요도 폭발적으로 늘고 있습니다. 안기효모의 제빵용 이스트는 매년 20%가 넘는 성장세를 보입니다. 이제 세계 곳곳에서 인터넷으로도 안기효모의 이스트를 구매할 수 있으니 미래의 성장세를 가늠해볼 수 있겠습니다.

Make Money in Stocks

중국 필수 소비재주에 왜 고량주가 있을까?

중국에는 유명한 맥주도 많지만 각 고장마다 대표하는 고량주가 있을 만큼 중국인들의 고량주 사랑은 대단합니다. 중국에는 3대 백주가 있는데 귀주마오타이(이하 모태주)와 우량예 그리고 양허입니다(사실 3위 자리는 치열합니다). 무엇보다 으뜸은 귀주마오타이입니다.

중국을 대표하는 주식 중 가장 비싼 주식은 산업주도, IT주도 아닌 '귀주모태주'입니다. 상하이주식시장의 시가총액 1위 공상은행에 이어 2위 기업입니다. 2020년 5월에는 삼성전자의 시가총액을 넘어섰습니다. 모태주는 중국 '국주'라는 칭호를 받는 고량주입니다. 마오타이는 술 좋아하시는 분이라면 잘 아실 겁니다. 공산당 대장정 때 귀주 지역에서 홍군의 추위를 달래주고 상처를 소독할 때도 썼다고 합니다. 고난을 함께한 술로 인식되어 중국 국주라는 타이틀을 얻었습니다.

중국인들의 소득 수준 향상과 더불어 프리미엄 고량주인 모태주의 인기는 더욱 더 빠르게 치솟고 있습니다. 만들고 숙성시키는 기간이 7년 정도가 걸려 수요는 넘쳐나지만 공급이 제한적인 술입니다. 마오타이주가 공급이 부족하다 보니 고량주 2위인 우량예 소비가 늘어났고 덩달아 주가도 폭등하고 있습니다.

귀주모태주는 2012년경에 200위안 정도였던 주가가 이 글을 쓰고 있는 현재(2020년 5월) 1,338위안으로 한화로 30만 원이 넘었습니다. 하지만 100주씩 구매가 되는 중국증시의 특성상 2천 300만 원이 넘는 돈이 필요합니다. 하지만 100주로 구매했을 때의 수익은 폭발적입니다.

우량예(종목 검색 시 오량액)는 심천시장에서 거래가 가능한 종목으로 외국인에게는 2016년부터 직접투자가 허용된 종목입니다. 2016년 당시에 우량예는 30~40위안(한화로 약 6,000~7000원대)을 웃도는 주가였는데 2020년 5월 150위안(약 25,000원)을 넘는 기염을 토했습니다. 실제 심천시장이 처음 외국인에게 투자를 개방했을 때 우량예의 인기는 대단했었고 그때의 초기 투자자들은 2년이라는 짧은 시간 동안 2배, 많게는 3배의 수익을 거둬들였습니다.

한간에는 우량예가 공급이 부족한 모태주의 수혜를 받은 고량주라는 평가를 내놓기도 했습니다. 백주시장의 3인자 자리는 치열하지만 1위는 모태주가 확고하고 2인자 우량예 역시 자리를 내어줄 생각이 없는 듯합니다. 우량예 역시 600년이 넘는 전통의 술이며, 쓰촨성 사람들에겐 '천하의 가장 좋은 술'이라고 불린다고 하니 모태주가 비싸 부담스러운 분들은 우량예를 관심종목에 넣어두면 좋을 듯합니다. 심천시장이 개방했을 때 많은 한국인 투자자들도 우량예에 투자했습니다.

Make Money
in Stocks

중국 시가총액 1위 기업의 주주가 된다는 것, 공상은행

앞에서 은행주, 금융주가 보수적인 종목이며 배당금도 대체적으로 후하다는 말씀을 드렸습니다. 중국도 마찬가지입니다. 중국의 금융주도 주가의 변화가 크진 않으며 안정적인 배당금을 지급하고 있습니다.

제가 중국 금융주에 관심을 갖게 된 것은 우연히 저의 멘토 윤정훈 님께서 중국은행주로 6~7%에 가까운 배당을 받았다는 말에 귀가 솔깃해서였습니다. 위안화도 배당금으로 받아두면 금이나 달러 또는 유로화처럼 언젠가 중요한 통화가 되지 않을까 싶은 마음도 있었습니다.

참고로 중국의 4대 은행은 공상은행, 중국건설은행, 중국은행, 농업은행이 꼽힙니다. 2019년 12월 KDB미래전략연구소에서 선정한 세계 100대 은행 순위에서 중국공상은행이 1위를 차지했습니다. 그 뒤로 중국건설은행, 중국농업은행, 중국은행이 2~4위를 차지했습니다. JP모건체이스가 5위, 뱅크오브아메리카(BOA), 웰스파고, 씨티그룹 등 미국의 은행들이 뒤를 이었고, 9위는 영국 HSBC, 10위는 미쓰비시UFJ은행이 차지했습니다.

중국 공상은행은 2009년 기준으로 총자산 규모가 16조 달러에 이르고 중국 내 점포 수가 16,000개, 해외지점이 1,500여 개 그리고 직원 수는 39만 명, 거래고객은 3억 6,100만 명에 이릅니다. 중국 도시 내 다섯 가구 중 세 가구는 공상은행과 거래를 하고 있다고 볼 수 있는 수치입니다. 참고로 중국공상은행은 우리나라에도 1997년에 문을 열어 서울지점, 건대지점, 대림지점, 부산지점을 운영하고 있습니다.

저는 배우자에게 공상은행 주식을 200주 선물했습니다. 중국의 시가총액 1위의 기업이며 세계은행 중 시가총액 1위의 주식을 가진다는 것이 너무 멋지지 않냐고 이야기하면서 말이죠. 기본주 100주를 사는 데 얼마가 들었냐고요? 500~600만 원은 투자를 했을까요? 아닙니다. 저는 정확히 1주에 5.42위안 정도로 100주를 10만 원도 안 되는 92,140원에 구입했습니다. 그리고 공상은행은 5%에 조금 못 미치는 배당을 주니 한화로 9,000원 정도의 배당(200주 기준)을 받을 수 있습니다.

이 글을 읽는 독자분들께서는 실제로는 공상은행보다 배당이 더 높은 은행도 많으니 중국 4대 은행과 더불어 평안은행도 공부해보시기 바랍니다. 금융주와 은행주는 투자자의 캐릭터에 따라 호불호가 갈리지만 워런 버핏의 포트폴리오에서 애플을 제외한다면 금융섹터가 가장 큰 투자처이듯 안정적인 포트폴리오 구성이 필요할 때 금융주를 추천해드립니다.

6

성장 안 할 수 없는 나라, 베트남주식 이야기

베트남주식투자 기초 정보

■ 주문 가능 시간(한국시간) | 장전동시호가: 11시 00~11시 15분 오전장: 11시 15분~13시 30분, 점심휴장(주문불가): 13시 30분~15시 00분, 오후장: 15시 00분~16시 30분, 장마감 동시호가 : 16시 30분~16시 45분

■ 최소 거래 수수료 | 증권사마다 다르지만 최소 400,000동~800,000동 정도(한화로 약 20,000~40,000원, 환율에 따라 차이). 아직까지 최소거래 수수료가 없는 증권사는 없음

■ 환전 방법 | (1) MTS에서 미화로 환전 후 전화로 재환전
(2) 증권사에서 원화-베트남동 환전가능(증권사에 따라 다름)

■ 거래 통화 | 동(20만 동이 한화로 약 1만 원 정도)

■ 최소거래 단위 | 최소 10주부터 10주 단위로만 거래가능

■ 베트남 직접거래 가능한 증권사 | 미래에셋대우, KB증권, 대신증권(크레온), 삼성증권, NH투자증권, 한국투자증권 등(대신증권은 온라인 주문은 불가, 전화주문 가능)

Make Money
in Stocks

성장 잠재력이 높은 젊은 나라

저희 멘토님은 30대 후반이었던 2016년, 베트남의 미래를 크게 봤다고 했습니다. 그는 나름대로 베트남 여행을 통해 시장조사를 해보며 성장 가능성을 평가해보았습니다. 그는 저에게 본인이 조사한 내용과 사진을 공유하면서 이런 이야기를 했습니다.

"베트남의 인구는 한국의 2배인 1억 명이고, 20대의 비중이 높은 젊은 나라다. 성장 잠재력이 매우 높다. 현재 베트남 투자 1위 국가는 중국이며 2위 국가는 한국이다. 나는 일찍 이

나라에 투자해서 큰 수익을 얻고 있다.”

투자 당시에 주변의 다른 투자자들은 “아니, 한국에도 투자해야 하고 미국, 중국만으로도 바쁜데 베트남까지요?”라는 반응을 보였다고 합니다. 그렇지만 그는 신중히 베트남 시장에 투자를 한 후 오랫동안 투자금을 묻어두었습니다. 그리고 어느 날 증권사에서 담당자가 전화를 해왔습니다. “베트남 계좌 잔고가 1억이 넘으셨네요. 3배 넘게 성장했어요”라는 반가운 말과 함께 말입니다.

일찍이 베트남 시장의 성장 가능성을 엿본 그는 지금 인도네시아에까지 투자 중이라고 하니 역시 ‘일찍 일어나는 새가 먹이를 먹는다’라는 말이 맞는 듯합니다. 뒷이야기를 풀어보자면 인도네시아는 포스트 베트남이기 때문에 더 시간이 걸린다고 판단하여 새로 태어난 둘째 딸에게 인도네시아의 제과회사 마요라인다 주식을 사주셨다고 합니다.

베트남 주식을 사고팔 때 유의점

베트남 주식을 취급하는 증권사가 많지는 않지만 단 1주만 거래하더라도 2만 5,000원~3만 5,000원의 수수료가 부과됩니다. 그러므로 소량을 거래하기는 사실상 불가능하다고 생각하면 됩니다.

베트남에서 현지 계좌를 개설하는 경우에는 이렇게 큰 거래세가 부가되지 않기 때문에 투자자 중에는 현지에서 증권계좌를 만들어 오는 이들도 있습니다. 그러나 현지계좌는 거래 방식이 한국과는 다르고 이를 도와줄 직원이 없다는 단점도 있습니다. 저 역시 베트남 주식 거래를 할 때 최대 20분가량 지연된 주가를 봐야 한다는 점과 하루에도 여러 번 휴장시간이 있는 거래 시간, 높은 수수료 등의 어려움으로 증권사의 도움이 필요했습니다.

베트남 투자 여행

코로나19 사태가 터지기 전 베트남은 한국 사람들이 꼽는 인기 여행지였습니다. 저는 베트남을 15년 전에 처음 다녀왔습니다. 당시 언젠가 베트남에 꼭 투자해야지, 하는 마음으로 한국에 돌아왔던 기억이 납니다.

현지 가이드는 베트남 사람들의 근성이 한국인과 비슷한 점이 많다고 했습니다. 좋은 말로 이야기하자면 근면성실하고 나쁘게 표현하면 독하다면서 말이지요. 지금부터 여행으로 만나는 베트남 기업들을 알아보겠습니다. 실제로 저의 머니메이트 S가 베트남 투자여행을 가고 싶다고 했을 때 제가 추천한 베트남 투자여행 코스입니다.

항공사 | 비엣젯항공 또는 베트남항공 이용

호텔 | 빈그룹의 '빈펄리조트' 이용

부동산 | 베트남 호치민의 1군, 2군, 7군 지역을 방문한 뒤, 한국 시공 아파트와 '빈홈' 아파트를 비교해볼 것(7군은 한국인 밀집지역), 특히 베트남 부동산의 중심인 호치민 1군 '골든리버'에 가보길 추천한다.

식자재 | 대형 슈퍼마켓을 방문해 '비나밀크'의 상품과 점유율을 알아본다. 소스류를 찾아보고 '마산그룹'의 소스 진열 점유율을 확인한다. 또 '현지인들이 비어사이공'을 얼마나 자주 마시는지 살펴본다.

커피 | 베트남커피(인스턴트 커피)를 지인들 선물로 준비한다. 또 비나밀크 연유를 이용해 카페쓰어다를 만들어보고,

베트남 거리에 오토바이가 얼마나 많은지 직접 체험해 본다.

주식계좌 개설 | 베트남 증권사 사이공증권사를 찾아가 한국어가 가능한 직원을 찾아서 현지계좌를 만들고 온다.

Make Money in Stocks

베트남의 삼성을 꿈꾸는 빈그룹 주식회사

베트남의 유명 여행지 다낭은 관광도시인 만큼 리조트가 화려하고 훌륭한데, 그중 가장 큰 곳은 빈펄리조트입니다. 가족여행이든 신혼여행이든 한국인 관광객이 대중적으로 선호하는 곳이죠. 다낭뿐 아니라 떠오르는 여행지 냐짱(나트랑)과 떠오르는 인기 여행지 푸꾸옥에도 빈펄 리조트가 있습니다. 빈펄리조트를 운영하는 빈그룹(VIC)은 부동산 개발부터 소매업 의료서비스에서 호텔업까지 다양한 서비스를 제공하는 베트남의 대기업입니다.

빈그룹은 리조트 이외에도 건설과 부동산이 주력 사업입니다. 베트남 호치민 1군의 노른자위 땅에 지어진 고급 아파트 '골든리버'의 시공사 역시 빈그룹입니다. 베트남 호치민 1군은 호치민 지하철 1호선이 들어올 예정의 역세권이기도 합니다. 가격도 서울의 아파트 가격으로 놀라운 수준입니다. 최근 베트남 부동산 사이트를 가보면 골든리버는 방 2개짜리 월세가 한화로 250만 원에 올라올 정도이니 현지 물가 수준을 고려한다면 매우 고가의 아파트라 할 수 있겠습니다.

빈그룹은은 자동차 사업에도 손을 댑니다. 2018년 빈그룹은 베트남 최초의 자국 생산차 브랜드 빈패스트를 론칭해 고급 세단 럭스 A2.0과 SUV 인럭스 SA 2.0을 출시했습니다. 비록 2018년 파리의 모터쇼에서 "마감이 허술하다", "고급스러움이 떨어진다"는 혹평을 받기도 했지만, 동남아시아 대부분의 자동차 수요가 일본과 한국 브랜드에 집중되어 있다는 사실을 생각해본다면, 빈그룹의 빈패스트는 큰 한 걸음을 떼 놓은 것이 아닐까 싶습니다. 빈패스트는 브랜드 성장을 위해 독일의 BMW와 지멘스와 보쉬, 이탈리아의 자동차 디자인 제작회사 피닌파리나와의 협력을 도모하고 있습니다.

베트남 시가총액 1위의 빈그룹은 최근 유통과 대형농장도 인수하는 등 문어발식 경영을 벌여오다가 현재 유통사업은 식자재 분야 1위인 마산그룹(MSN)에 사업을 넘긴 상태입니다. 위기를 어떻게 극복할지는 모르겠지만 '베트남의 삼성'을 꿈꾸며 사업 영역을 확장하고 있습니다.

Make Money
in Stocks

스타벅스만큼 유명한 베트남 커피

여러분은 혹시 '카페쓰어다'를 아시나요? 베트남의 인기 커피 '카페쓰어다'는 연유커피입니다. 커피에 연유를 타서 진하게 마시는 이 커피는 관광객들은 물론 현지인들이 사랑하는 베트남의 대표 커피입니다. 베트남은 커피 생산량이 많고(세계 수출 2위, 세계 생산 2위) 자부심 또한 큽니다.

그 때문에 베트남 시장은 이탈리아 다음으로 글로벌 커피 브랜드의 무덤이라고도 불립니다. 한국의 카페베네와 할리스 커피 그리고 호주의 커피전문점 글로리아진스는 베트남 커피

시장에서 밀려나 이미 철수를 한 상태입니다. 스타벅스도 입점해 있지만 주로 외국인 관광객들이 선호하는 것으로 알려져 있습니다.

왜 베트남에 외국계 커피 전문점이 뿌리내리기 힘들까요? 그만큼 품질이 좋고 가격도 좋은 커피 제품들이 많기 때문일 겁니다. 우리나라 수입과자 전문점에서 쉽게 찾을 수 있는 'G7 커피'라는 인스턴트커피도 유명한데 수출을 많이 합니다. 한국무역협회 자료에 따르면 2019년 10월~2020년 9월, 베트남 커피 예상 수출량은 170만 톤이며 커피 예상 소비량은 20만 톤으로 13.7%의 꾸준한 성장률을 유지할 것으로 전망하고 있습니다. 이 G7커피의 제조사가 호치민 주식시장에 상장되어 있는 비나까페비엔호아(VCF)입니다.

이번에는 카페쓰어다의 또다른 재료인 연유에 대해 알아볼까요? 우유와 연유뿐만 아니라 요거트, 연유 등 많은 유제품 라인을 가지고 있는 베트남의 대표 유제품 생산 기업이 비나밀크입니다. 비나밀크의 상품라인은 250여 개에 달하고, 설탕, 코코넛밀크 등의 가공식품도 만들어 수출하고 있습니다. 사실 빈그룹이 베트남의 시총 1위의 거대기업으로 성장하기 전까지 비나밀크는 명실상공 베트남의 넘버원 유제품 회사이자 시

총 1위 기업이었습니다. 많은 한국인 투자자들이 이 비나밀크 주식을 사기 위해서 베트남 시장에 뛰어든 것으로도 유명합니다. 한창 베트남 투자 붐이 일었을 당시 베트남은 외국인에게 전체 주식 중 49%만 매수할 수 있도록 제한을 두었기 때문에, 이 주식의 물량이 나오기만을 간절히 기다리는 일도 있었습니다(현재 외국인 보유한도 제도는 없어졌습니다).

비나밀크의 연유는 한국의 우유맛보다 진한 편입니다. 실제로 직접 서울우유와 비나밀크의 연유를 비교해보며 마신 적이 있었는데 서울우유는 하얀색이 강하고 깔끔한 맛이라면 비나밀크의 연유는 약간 크림색을 띄고 있고 진한 풍미가 특징이었습니다.

베트남에 가신다면 꼭 대형마트에 들러보시길 권합니다. 매장에 진열된 비나우유와 요거트의 점유율이 대단하기 때문에 눈으로 직접 보시면 베트남 내 비나밀크의 위상을 한눈에 알아보실 수 있을 겁니다.

Make Money in Stocks

필수 식재료 기업에 투자해볼까 마산그룹, 비어사이공

베트남의 산업을 알아보기 위해 꼭 다낭의 대형마켓을 직접 방문할 필요는 없습니다. 조금만 관심을 기울인다면 TV 프로그램을 통해서도 베트남의 산업과 우리가 투자할 종목의 미래를 볼 수 있습니다.

베트남 여행프로그램에서 소개되는 음식을 보면 대부분 베트남 액젓인 느억맘 또는 베트남 칠리소스가 곁들여집니다. 동남아시아에서는 볶음밥에도 액젓이 들어가며 월남쌈에도 액젓과 칠리소스를 찍어 먹습니다.

베트남 현지인의 생활 속에 꼭 있어야 하는 소스를 생산하는 기업이 마산그룹입니다. 마산그룹은 연 매출 2조 원 규모의 베트남 2위 기업으로 식음료, 축산, 광물, 금융업이 주력인 기업입니다. 2019년에는 빈그룹의 유통사업 부문과 합병하면서 주목을 받았습니다.

그러나 마산그룹은 소스만 만드는 회사가 아닙니다. 부동산과 마산미트라는 정육사업도 함께 운영하는 베트남 유통계의 큰손입니다. 한국에서는 2018년 말 국민연금과 SK가 공동으로 1,600억 원을 마산그룹에 투자했습니다.

2020년 기준 마산커머스는 MTS나 HTS거래는 불가능하며 전화로만 매수 가능합니다. 마산미트는 아직 우리나라 계좌로는 구매할 수 없으며, 그리고 앞에서도 언급한 비나카페비엔호아의 대주주가 마산그룹이기도 합니다(98.48% 보유). 현재 한국에서 마산그룹이라는 자회사의 주식을 매수할 수 있고, 마산커머스라는 식품 쪽 계열사만에도 투자가 가능합니다.

백종원 씨가 출연하신 음식 관련 프로그램 하노이 편 중에서 기억에 남는 또 다른 한 가지는 바로 맥주입니다. 백종원 씨는 이런 말을 했습니다.

"이 베트남에는 비어사이공 때문에 다른 나라의 수입맥주가 기를 못 편다.”

실제로 비어사이공의 베트남 시장 점유율은 42%에 달합니다. 비어사이공은 2018년 9월 기준 25조 5,000억 동(약 1조 2,316억 원)의 매출을 기록한 바 있는데 이는 전년 동기 대비 7.8% 증가한 수치입니다. 저는 이 방송을 보고 관심종목에 비어사이공을 추가하고 지켜보고 있습니다. 2020년 3월 중순의 주식 가격은 14만 4,000동(약 7,200원 정도)입니다. 베트남 외에도 동남아시아인들의 맥주 사랑은 정말 대단합니다. 필리핀의 국민맥주 산 미구엘은 관광객들에게도 인기가 많습니다. 라오스는 스스로 생산할 수 있는 것이 비어라오뿐이라는 농담이 있을 정도로 라오스의 비어라오 맥주 역시 유명합니다.

저는 라오스 여행을 다녀온 뒤, 언젠가 라오스 주식을 살 수 있다면 무조건 비어라오를 사야겠다고 농담을 한 적이 있습니다. 라오스 전역이 비어라오로 뒤덮여 있다고 해도 과언이 아니었기 때문입니다.

Make Money
in Stocks

베트남의 탈것,
오토바이 관련 주식은?

베트남에 투자여행을 다녀왔거나 가족끼리 휴양을 다녀온 분들이 하나같이 하는 말이 있습니다.

"진짜 오토바이가 너무 많아서 놀랐어요. 그리고 무서웠어요. 길조차 건너기 힘들 만큼 많은 오토바이 군단 때문에요."

저 역시 같은 생각을 했습니다. 밀려드는 오토바이 때문에 길 하나 건너기가 녹록지 않았던 기억이 납니다.

2년 전쯤 SBS에서 '굿모닝 베트남' 스페셜 방송을 보았습니다. 우리나라의 보험사와 금융사가 앞다투어 베트남으로 진출하고 있고 유능한 베트남 현지인들을 고용 중이라는 내용이 있었습니다. 또, 베트남의 유명 증권사인 사이공증권사는 한국어를 할 수 있는 직원이 상주해 여행 오는 한국인들의 주식 계좌 개설을 도와주고 있다고 합니다. 저도 관심이 있어 계좌 연결을 안내받았는데 카카오톡을 통해서 상당히 능숙하게 상담을 하고 친절하게 고객 응대를 해주어서 무척 놀랐습니다.

미래에셋대우증권에서 2019년 11월 11일 발표한 리포트에 따르면 1억 명의 베트남 인구 중에서 보험을 보유한 비율은 채 8%도 되지 않는다고 합니다. 오토바이 이야기를 하다가 갑자기 왜 보험이며 금융 이야기냐고요? 이 많은 인구와 오토바이를 보면서 어떤 생각을 하시나요? 베트남의 경제적인 여건이 나아지고 나라의 살림이 나아지면 오토바이를 보유한 많은 사람들은 잠재적으로 보험회사의 고객이 될 것입니다.

'바오베트남'은 베트남의 1위 종합보험사입니다. 베트남에 직접투자를 하시는 분 중에 바오베트남에 투자하시는 분이 있어 매수의 이유를 물어보니, 중국 핑안보험이나 미국의 유나이티드헬스를 저가에 매수하지 못해 아쉬웠는데, 그 못다 한 꿈을 베트남에서 이루고 싶어서라는 답변을 들었습니다.

세계은행은 베트남 중산층 비율이 현재 13%에서 2026년에

26%로 증가할 것으로 전망했고, 올해 신규 보험계약액은 외국계 매뉴라이프가 2.7조 동을 기록하며 1위, 바오비엣생명이 2.6억 동으로 2위를 기록했습니다. 특히 방카슈랑스를 통한 신규계약은 전년 대비 180% 증가했다고 합니다.

7

주식도 담아야 내 것, 투자 실전

투자의 성공 여부는 얼마나 오랫동안
세상의 비관론을 무시할 수 있는지에 달려있다.
-피터 린치

Make Money
in Stocks

스캘핑투자부터 장기투자까지, 투자의 종류

초단기매매 또는 스캘핑(scalping)투자는 분 또는 초 단위로 주가의 흐름을 지켜보다 단기 시세차익을 거두고 나오는 매매 방법입니다. 스윙투자는 2~3일의 기간을 두고 매매하는 것을 뜻합니다. 부동산 공인중개소를 운영하는 안 대표는 스캘핑투자자입니다. 어린 시절부터 부동산업에 근무하시는 부모님의 영향으로 재테크에 일찍 눈을 떴다고 합니다. 청약이나 GTX 개통, 지역의 호재에 대해서는 아주 잘 알고 있고 젊은 사람 답지 않게 침착하고 냉정하면서도 현명한 사람입니다.

그는 20대 중반 모든 국민이 열광한다는 비트코인에 뛰어들었지만 신통치 않은 성적표를 받았다고 했습니다. 비트코인에서 쓴맛을 본 후 다시는 묻지마 투기는 하지 않겠다고 다짐하고 주식 단기투자 원칙을 세우기 시작했습니다.

1. 나에게 어울리는 투자처를 찾자

2. 단기투자는 당일 매도를 원칙으로 한다

3. 매일 계좌의 20만 원으로만 운용한다

4. 투자 중에는 자리를 비우지 않고 오로지 투자에만 집중한다

5. 과욕을 부리지 말자

6. 투자가치가 높은 종목은 장기투자계좌로 나눠 독립적으로 운용한다

그는 회의에 들어갈 일이 있거나 점심을 먹는다고 계좌를 방치해두면 절대 안 된다고 신신당부를 합니다. 일정이 바쁜 날에는 절대 거래를 하지 않습니다. 그리고 다른 사람에게도 자신만의 원칙을 세우고 욕심을 부리지 말고 익일매도가 목적이면 실행하라고 강조했습니다.

그는 매일 투자한 일지와 종목 그리고 투자 실현금액을 보기 좋게 정리해 본인이 방장으로 있는 단톡방에 공개했는데, 그가 파란색(마이너스) 계좌를 가지고 온 날은 별로 없습니다. 늘 적더라도 이익을 실현해 점심값 이상을 벌고 있습니다.

대부분의 사람들은 어떤 정보를 통해서 단기투자를 한다고 생각합니다. 그리고 용감하게도 묻지마 투자를 하죠. '이 사람이 대선에 나가니 관련주는 오를 거야', '이 회사가 코로나19 백신 임상에 성공할 것 같다고 그러던데…'. 또는 차트를 파고들면 무조건 성공할 수 있다고 믿는 분들도 많습니다. 그렇다면 차트를 잘 보는 분들은 100% 잃지 않는 투자를 할까요? 그렇지 않습니다. 끊임없이 재무제표를 공부하고 기업의 기사를 찾아 읽는 노력이 필요합니다. 내부에 아는 사람이 있으면 더 좋겠죠? 원칙을 세워서 지켜가는 사람이 성공한 단기투자자일 겁니다.

현재 그는 다음 목표인 베트남과 미국주식시장에 대한 단기투자를 차근차근 준비하고 있습니다. 저는 그가 성공할 거라고 확신합니다. 그는 자신만의 원칙으로 단기투자에 성공한 경험이 있고, 그 원칙 속에는 지나친 과욕을 삼가라는 또 다른 원칙이 있으니까 말입니다.

세계은행에서 발표한 2017년 국가별 주식시장 회전율(주식 거래량÷주식 수) 자료에 따르면, 한국의 주식시장 회전율은 112.4%로 중국(197.7%), 터키(165.8%), 미국(116.1%)에 이어 4번째로 높았습니다. 주식시장 회전율을 바탕으로 국가별 평균 주식보유기간을 살펴보면 우리나라 평균 주식보유기간은 10.7개월로 투자기간이 1년에 못 미칩니다. 작은 등락에도 쉽게 주식을 사고파는 개인투자자가 많다는 의미입니다.

내 계좌엔 잡주, 그러나 아이 계좌에는 1등 우량주를

이제부터는 우량주에 왜 장기투자해야 하는지 그리고 어떤 우량주를 사서 어떻게 운용해야 하는지 설명해볼까 합니다. 저의 또 다른 머니메이트 이영란 님은 한 아이의 어머니이자 워킹맘입니다. 그는 온라인 카페에서 제가 쓴 글을 열심히 읽어주는 독자였습니다. 하루는 그에게 쪽지가 왔고, 주식과 해외주식을 하고 있다는 공통점으로 편지까지 보내며 친한 사이가 되었습니다. 어느 날 우연찮게 나눴던 베트남 1등 주식 이야기는 영란 님에게 4배의 이익을 안겨 주기도 했습니다.

그의 사랑스러운 딸 하늬가 태어나고는 온라인 스터디방에서 함께 공부를 하게 되었습니다. 역시 영란 님은 제가 조언을 드리기도 전에 아이 이름의 주식계좌를 개설해놓고 어떤 주식을 사줄까를 고민하던 터였습니다. 참고로 그는 공격적인 투자자로서 마이너스 10~20% 정도에는 눈썹 하나 까딱하지 않을 정도의 강한 정신력을 가지고 있습니다. 그러다 보니 이미 본인계좌에는 건축, 선박 또는 잡주라고 불릴 만한 자잘한 종목들이 꽤나 파랗게 보유된 상태였습니다.

그렇지만 정작 딸의 계좌에 넣을 주식을 고를 때에는 대범한 모습은 어디가고 무척이나 신중을 기하는 모습이었습니다.

"우리나라 넘버원 주식을 사주세요. 하늬 대학교 등록금으로, 기왕이면 의대 등록금으로 생각하고 모으세요."

이렇게 말씀드린 적이 있는데 영란 님는 대범하게 200만 원어치를 한 번에 매수했습니다. 사실 이 조언을 영란 님께만 드린 것이 아니었고 그 또래의 아이를 가진 지인 여럿에게 같은 말을 했습니다. 그런데 실제로 행동에 옮긴 이는 딱 한 명, 영란 님뿐이었습니다.

주가 조정 기간을 거치며 6개월의 시간이 지났을 때, 하늬의 계좌에는 40%의 수익과 배당금이 들어 있었습니다. 영란 님은 그 배당금을 쓰지 않고 재투자하기로 결정했습니다. 이것은 또 복리 수익이 되어 돌아올 겁니다. 후에 계좌자랑을 해 달라고 요청했을 때 오히려 영란 님은 침착했습니다.

"어차피 하늬 등록금이라 올랐다고 매도할 것도 아닌걸요?"

일희일비하지 않는 사람이 역시 주식에 맞는 사람이고 장기투자에 적합하다는 교훈을 또 한 번 느끼게 되는 순간이었습니다. 저는 책을 쓰게 되면서 영란 님께 도대체 무슨 생각으로 하늬의 주식계좌를 만들어 놓았던 거냐고 재차 물어보았습니다. 그는 지혜로운 대답으로 저를 미소 짓게 했습니다.

"제가 일을 할 때 아이를 위해서 등록금을 마련해 두고 싶었어요. 그게 주식이니까 더 의미 있다고 생각했고 분명히 20년 뒤에는 현금보다 더 가치 있을 것이라고 믿어요."

Make Money
in Stocks

무릎과 어깨는 신도 모른다

우리 모두 한 번쯤은 들어본 주식용어일 겁니다. 저가에 싸게 사서 고가에 비싸게 팔아서 이윤을 낸다는 주식의 법칙을 모르는 사람은 없습니다. 고등학교 경제 교과서에도 "계란은 한 바구니에 담지 말라"라든지 "저가에 사서 비쌀 때 팔아라"와 같은 저가매수를 강조하는 내용이 실렸더군요. 누구나 알고 있는 명언이지만 실천하기는 쉽지 않습니다.

"무릎인 줄 알고 샀는데 목 뒷덜미부터 정수리였다", "내가 사면 떨어지고 내가 팔면 오른다", "상투에 사서 발목에 팔았다" 같은 말도 쉽게 들립니다. 내가 사면 하락하고 내가 팔면 오르는 상황, 주식을 거래하면 대부분 경험하시리라 생각합니다. 주식 거래는 심리이기 때문입니다.

새내기 머니메이트 강선미 님은 늘 열정에 가득한 주식 투자자입니다. 주식을 하면 즐겁고 주식으로 대화를 나누면 너무 행복하다는 강선미 님은 주식으로 연금을 만들고 싶어 했습니다. 무엇보다도 그는 자신이 좋아하는 브랜드의 주주가 되는 것이 무척 뿌듯하게 느껴진다고 합니다. 그는 한동안 리딩방에서 유료로 컨설팅을 받았는데, 추천 종목에 투자해서 쓴맛을 보았습니다. 그 이후 스스로 열심히 공부해서 주식을 보유하겠다는 생각을 하게 된 것입니다. 해외주식 우량주에 관심을 가지게 되었고 1년이 넘게 공부하고 자료를 모으며 환전을 했습니다. 그리고 그 종목이 연일 신고가를 찍어 올라가던 어느 날 제게 말했습니다.

"이젠 사야겠어요. 어차피 장기투자고 언젠가는 오를 거예요."

저는 나중에 또 조정이 오면 후회할지도 모른다고 이야기했으나 선미 님은 단호했습니다.

"아니에요. 후회 안 할 자신 있어요. 주식을 엉덩이로 할 거예요. 그리고 계속 올라서 사지 못할 것만 같아요."

그는 결국 상승장에서 주식을 매수했습니다. 그렇지만 조정장이 오고 더 저렴한 가격에 매수가 가능해졌을 때 그는 깨달음을 얻었습니다.

"아무리 장기 투자를 해도 저렴해지는 타이밍은 언제든지 올 텐데 저가에 매수해서 더 수익을 낼 수 있는 타이밍을 신중하게 봐야겠어요."

그 후 그는 자신이 너무나도 사랑하는 스타벅스의 주식을 사기 위해 미국시장을 눈여겨보면서 전과 같은 실수를 절대 하지 않을 것이라고 이야기했습니다. 더불어 스타벅스의 주주가 되기 위해 집에서 커피를 내려 마시고 그 돈으로 더 많은 스타벅스 주식을 모으겠다는 이야기도 덧붙였죠.

그와 같이 미국시장을 같이 보면서, 이 정도면 꽤 괜찮은 가격 아니냐는 의견을 나눴을 때 그는 현자와 같은 발언으로 저를 놀라게 했습니다.

"오늘 가격이 많이 떨어지긴 했지만, 내일까지는 조금 생각해볼래요. 이전에도 그때 사지 않으면 안 될 것 같은 가격이었는데, 그게 아니더라고요. 저는 무릎에서 사지 않고 발목에서 살 거예요."

"좋아하는 기업을 더 싸게 살 기회가 생기는 건 운이 좋은 날이다."

워런 버핏의 말처럼 저 역시 미디어에서 연일 '코스피 폭락', '미국 주식시장 5년 만에 큰 하락' 등의 기사를 볼 때면 마음이 무척 설렙니다. '바겐세일이 왔구나' 하고 생각하며 그간 꼭 갖고 싶었던 주식을 구매합니다.

사실 점잖게 표현을 했지만 밤새 크리스마스 선물을 뜯는 것을 기다리는 아이처럼 가슴이 콩닥거려 잠을 설칩니다. 그간 좋은 주식임을 알고 있었지만 너무 비싸 망설였던 주식들을 사들일 수 있는 절호의 찬스를 놓칠 수 없습니다. 그렇다고 제가 월급쟁이인 이상 1,000만 원 또는 2,000만 원에 달하는 큰 자본을 한 번에 투자할 수는 없으니 수준과 규모에 맞게 쇼핑을 하러 나갑니다.

주가가 하방으로 갈 때 밤에는 미국 아울렛으로 쇼핑을 하러 가고, 낮에는 중국과 홍콩시장으로 도매쇼핑을 나갑니다. 도매쇼핑이라는 표현을 쓴 것은 보통 중국장과 홍콩장은 최소 단위가 100주부터 2만 주까지 다양하며 1주씩 단주 거래가 안 되기 때문입니다. 그뿐만 아니라 미국시장이 하락하면 다음 날 아침 한국의 우량주들도 조정을 받기 때문에 1주씩 거래가 가능한 한국장에서는 소매쇼핑까지 가능합니다.

운동화 한 켤레를 사도 저렴하게 사기 위해 인터넷을 뒤지면서 구매하는데 주식도 다르지 않습니다. 심지어 주식은 여러 포털 사이트를 돌아다닐 필요도 없이 똑같이 정가로 세일을 진행하니 이건 또 다른 기회입니다.

그렇지만 너무 저가에 집착하면 안 됩니다. 상승장이 찾아와도 최저가 가격이 생각나 매수할 기분이 나지 않을 수 있습니다. 누구보다 싸게 사겠다는 생각에 집착하게 되면 결국 2~3년이 지나도 계속 머릿속으로만 쇼핑하게 될지도 모르니 말입니다.

Make Money
in Stocks

물타기와 불타기의 기술

주가가 폭락했을 때 여기저기서 "물탈까요?" 하는 글이 올라옵니다. 물타기도 엄연한 투자기법입니다. 위험을 줄이기 위한 투자기법으로서 평균매입가격을 낮추고 평균매도가격은 높이는 형식으로 평균단가를 조정하는 방법입니다. 하지만 단가를 낮추기 위해 물을 타다가 포트폴리오만 비대해지고 손실 폭만 더 커지는 위험도 있습니다.

이와 반대로 불타기도 있습니다. 주가가 계속 고점을 찍을 때 더 큰 상승을 기대하며 계속 매수를 하는 것을 이야기합니다. 보통 초보 투자자들은 매수 단가를 낮추는 '물타기' 전략이 뜻대로 되지 않는 것을 경험하게 됩니다.

이론으로 무장하고 주식을 시작했지만 실제 투자를 시작하면 브레이크가 잘 걸리지 않습니다. 저가라고 생각해서 더 사들였는데 결과적으로는 불타기였고, 평균단가를 더 떨어뜨리고자 결과적으로 비싼 값에 사들인 경험, 많이 해보셨을 거라 생각합니다. 물타기는 어느 정도 잘 이용하면 평균단가를 낮추는 전략이 되지만 나름의 전략 없이 마냥 저점이라는 생각에 계속 사들이기만 한다면 어느새 한 기업의 큰손이 돼 있는 자신의 모습을 발견하게 됩니다. 포트폴리오가 비대해지면 정신건강도 안녕하지 못합니다.

"나는 절대 바닥에 사서 고점에 팔 수 없다."

이 명제를 명심하셔야 합니다. 운이 좋아 경험은 할 수 있어도 그 누구도 이 명제를 벗어날 수 없습니다. 누구도 바닥을 모르며, 고점도 모릅니다. 나중에 차트를 보며 이때 샀어야 했는데, 팔았어야 했는데 아쉬워할 뿐이죠. 바닥인 줄 알았는데 지하가 이어지고, 고점이라고 생각하고 팔았는데 최고가를 경신합니다. 이런 일이 주식시장에서는 비일비재합니다.

우량주 위주,
오른다는 확신이 있을 때 물타기를 할 것

코로나19 때와 같은 엄청난 하락장에서 물을 타려다 결과적으로 하락장 초입에서 불을 탄 경우가 많이 발생했습니다. 떨어질 때가 기회라는 말을 듣고 떨어질 때 샀는데 그 하락의 폭이 예측할 수 없는 정도였고, 초반에 큰돈을 써서 정작 엄청난 세일가에 도래했을 때는 예수금이 남아있지 않은 메이트들이 많았습니다. 이럴 때 물타는 원칙이 필요합니다.

가령 누가 봐도 세계 경제가 침체되고 대공황 얘기가 나올 정도로 경제 시계(視界)가 깜깜해질 때면 저는 예수금을 5단계로 나누어서 사고 싶은 주식의 단가를 정해놓습니다. 가령 사고 싶었던 기업의 주식이 20만 원대였다면 하락장이 예측되는 경우 18만 원대, 16만 원대, 최후로 15만 원대 전량매수 계획을 세웠습니다. 물론 바닥이 얼마까지 떨어질 줄은 예상하지 못했고 목표한 금액보다 더 떨어져서 바닥에서 살 수도 없었지만 꼭 사고 싶었던 주식의 바겐세일 찬스를 놓치지 않고 사들일 수 있었습니다. 폭락장과 상승장을 많이 경험해본 저의 노하우입니다.

초보 투자자들께는 꼭 포트폴리오와 투자일지, 가계부를 쓰길 권합니다. 가계부를 쓰면 생활비가 줄어들고 다음 달 또는 내년의 예산도 예측할 수 있습니다. 투자의 가계부인 포트폴리오를 만들고 투자계획을 예상해보세요. 자신을 객관적으로 보기 위함입니다.

Make Money
in Stocks

긍정적이되 냉정함을 잃지 마세요

다른 투자에 비해 적은 자본으로 시작할 수 있는 것 말고도 주식투자의 장점이 무엇이 있을까요? 부동산은 직접 겪어보고 구매하기 어렵습니다. 그렇지만 주식투자는 다릅니다. 우리는 투자자이기 전에 소비자입니다. 관심 있는 기업의 상품을 직접 먹어볼 수도 있고, 만져볼 수도 있으며, 경험해볼 수도 있고, 다른 경쟁 그룹과 비교해볼 수도 있습니다.

나의 첫사랑 대한항공

물론 저의 시작도 다르지 않았습니다. 저는 어린 시절부터 20대 중반까지 항공사에 취직하는 것이 꿈이었습니다. 스튜어디스나 사무직이 아닌 현장직이었습니다. 당연히 마음속으로 손꼽아놓은 항공사는 대한항공이었습니다.

우리나라 대표 항공사였고 스카이팀 항공 동맹으로 세계 최고의 항공사와 연계되는 등 장점이 많았습니다. 그래서 2007년 서브프라임 사태 때 늘 생각해뒀던 대한항공 주식을 샀습니다.

하지만 지금의 대한항공은 예전과 많이 달라졌습니다. 오너리스크로 인해 기업 이미지가 많이 훼손되었고 경영권 분쟁도 불거졌습니다. 거기에 엎친 데 덮친 격으로 코로나19 사태를 맞게 되었습니다. 2011년에 주식이 9만 원대였는데 현재는 2만 원이 채 안 됩니다. 저에겐 제 첫 주식이 없었더라면, 아니 그 기업에 입사하고 싶다는 갈망이 없었더라면 오늘날 이렇게 투자를 시작하지 않았을지도 모릅니다. 하지만 아직까지 사랑에 빠져 있었다면 이야기는 달라졌겠죠?

대한항공을 비롯해 여러 기업에 투자하면서 기업의 이미지만 보고 판단하거나, 오로지 내가 생각했을 때 좋아 보이는 기업만이 전부는 아니라는 것을 알게 되었습니다. 머니메이트 K 님은 스타벅스를 가장 매수하고 싶은 주식이라고 했습니다. 그러면서도 스타벅스의 커피는 그다지 맛있다고 평가하지 않는 분이셨죠. 심지어 그는 스타벅스 커피는 직장에서 남이 사줄 때만 먹는다고 했습니다.

그렇지만 그는 오랫동안 스타벅스를 지켜봐왔고, 스타벅스의 신제품들과 새 베이커리가 나오는 시간까지 알고 있었습니다. 또한 연말마다 쿠폰을 쌓아 받을 수 있는 다이어리의 품질까지 비교해볼 만큼 스타벅스의 모든 것을 세심하게 살폈습니다. 그리고 놀라운 말을 저에게 했습니다.

"스타벅스에 충전돼 있는 금액이 얼마나 큰 줄 아세요? 1조 원이 넘어요. 대구은행 자산보다 더 커요. 전 세계 고객들이 오직 스타벅스에서만 쓰려고 충전해놓은 현금이 말이죠."

주식과 사랑에 빠지지 않는다는 것은 너무나도 어려운 일입니다. 당연히 내 주식의 안녕과 기업의 성장을 응원하게 됩니다. 그러나 잊지 마세요. 투자자의 마음은 항상 긍정적이되 냉정해야 한다는 사실을요.

빵 대신 바꾼 주식

K님은 스스로를 '빵순이'라 칭하며 인스타와 블로그에서 추천받은 유명 빵집들을 구경하는 것이 인생의 큰 기쁨입니다. 그러다 보니 스트레스를 많이 받거나 힘든 일이 있을 때는 베이커리 지출이 높아지곤 합니다. 개당 3,000~4,000원 되는 빵과 마카롱을 먹기 위해 매달 20만 원 이상을 소비하기 일쑤였습니다.

제가 그에게 가장 처음 제가 한 조언은 주식이나 가치투자 또는 해외주식 거래가 아니라 가계부를 정리하고 지출을 줄이는 것이었습니다. 두 번째로는 돈을 꺼내 쓰지 않도록 환율이 높든 낮든 무조건 달러로 매달 10~20만 원의 여윳돈을 환전하도록 해 '달러 강제 저축'을 하는 것이었습니다.

결과는 절반의 성공이었습니다. 달러로 미국 배당주들을 사 모았고 정확히 100일 만에 1.17달러가 매달 배당금으로 들어오게 되었으니까요. 1.17달러가 적어보이신다고요? 요즘 소액을 투자해 100일 만에 1,400원의 이자를 받을 수 있는 적금이 있나요?

Make Money in Stocks

나의 노동으로 번 월급을 귀하게 여기세요

재테크 모임과 스터디에서 많은 사람들과 만나면 성공한 분들의 투자 이야기를 종종 들을 수 있습니다. 시중에 나온 빌딩부자들의 이야기나 성공한 CEO들의 이야기를 접해보셨다면 아실 겁니다. 간혹 수십억 원대의 대출을 받아서 산 건물의 시세가 3~4배 이상 오른 이야기라거나, 좋은 기업에 투자해서 수백억 원을 벌어들인 부러운 이야기들 말이죠.

저는 제가 눈여겨보았던 중국주식을 2억 5,000만 원어치를 매수해서 3년 만에 9억 원으로 만든 분을 만난 적이 있습니다.

1년에 받는 배당금만 2,000만 원이 넘는다고 했습니다.

조금은 허탈하기도 했습니다. 한동안은 '역시 돈이 돈을 버는 거다'라는 마음에 망연자실한 기분을 느낀 적이 있습니다. 그때 제 손을 잡아준 대장 멘토님이 계십니다. 그분은 이렇게 말씀하셨습니다.

"큰돈 투자 못 한다고 기죽지 말고, 커피값 아껴서 한 달에 2~3만 원으로 우량주를 산다고 생각해봐라. 그러면 1년이면 12주를 살 것이고 10년이면 120주다. 그 사이에 주가가 오를 것이고 배당금으로 재투자도 할 수 있다. 노동으로 버는 너의 월급을 우습게 생각하지 마라. 하나둘씩 주식을 모으고 재미를 붙이면 그 월급의 10~20%씩이라도 떼어 주식을 사모아라. 그러면 너는 어느 순간 성공한 투자자가 되어있을 것이다."

복리투자가 별건가요? 좋은 기업을 고르고 내가 주주가 되어서 물을 주고 배당금을 받으면서 재투자를 해 목돈을 만들고, 자녀계좌를 만들어서 세뱃돈으로 우량주를 담아 꾸준히 점검해준다면 대학등록금과 종잣돈을 마련해줄 수 있습니다. 우리는 그 우량 기업의 과실을 함께 맛볼 수 있습니다.

그 후 저는 브랜드 커피를 모두 끊었습니다. 그리고 필요 없는 지출을 줄이기 시작했습니다. 가장 먼저 줄인 항목은 의류

비와 외식비였습니다. 외식비와 간식비 지출을 줄이면서 집밥을 먹는 것만으로도 얼마나 많은 돈을 절약할 수 있는지 깨닫게 되었습니다. 외식을 하루에 한 번 이상 하다가 주 1회 또는 격주에 1회로 줄이니 몸은 건강해지고 외식을 하러 가는 날이 마치 이벤트처럼 소중하게 느껴졌습니다. 생활비를 줄이다 보니 그것 역시 보람이 느껴져서 짧은 거리는 걸어 다녔습니다. 교통비, 유류비가 줄어드니 가랑비에 옷 젖듯이 차곡차곡 생활비가 줄어들고 통장잔고는 늘어났습니다. 그렇지만 삶의 질이 나빠지지는 않았습니다.

그렇게 2018년 우리 집 최대 저축액은 월 500만 원을 넘길 성공을 했고 저의 짠테크 수기는 공저로 책에 실려 세상에 빛을 보기도 했습니다.

8

흔들리지 않는 나만의 투자 원칙, 포트폴리오 만들기

장기적으로 뛰어난 투자 성적을 얻으려면,

단기적으로 나쁜 성적을 견뎌내야 한다.

- 찰리 멍거

Make Money
in Stocks

포트폴리오는 왜 필요할까요?

이번 포트폴리오 편은 가장 기본인 가계부 편과 매수매도 일지 쓰기 그리고 포트폴리오의 활용법에 대해 이야기할 예정입니다. 읽고 나서 실망하지 않으셨으면 좋겠습니다. "뭐야? 이게 포트폴리오라는 것인가요? 너무 간단한데요", "그냥 이건 메모 아닌가요?", "이런 메모가 과연 도움이 되는 것일까요?"라고 물으실 수도 있습니다. 포트폴리오 만들기는 전문적인 기술이 필요한 일이 아니기 때문입니다.

처음 주식에 입문하여 이제 매수와 매도를 시작한 머니메이트들은 곧 한계에 부딪히게 됩니다. 오르내리는 주가에 따라 우왕좌왕하는 자신을 발견하게 됩니다. 그때 제가 가장 많이 권하는 것이 포트폴리오를 '자신만의 방식'으로 작성해보기입니다. 여러 가지의 예시를 보면서 설명을 드리겠습니다.

나의 투자 친구 농협 가계부

포트폴리오를 설명하기 전 가계부를 먼저 이야기해보고자 합니다. 신문이나 인터넷 카페에 "우리 가정의 고정비용과 생활비가 많은지 봐주세요"와 같은 질문을 자주 봅니다. 저는 그때마다 가계부를 쓰면 한눈에 지출 흐름을 알 수 있고, 조금 더 절약하게 될 텐데, 하는 생각을 합니다. 주식과 펀드 투자도 마찬가지입니다. 내가 투자하고 있는 종목과 기간을 한눈에 볼 수 있어야 파악도 제대로 되고, 개선점이 보입니다. 포트폴리오 작성은 다른 사람들의 투자경험만 듣고 부화뇌동해 매수, 매도하는 행동을 막아줍니다.

저는 가계부를 잘 적고 정리하는 사람이 주식 포트폴리오도 잘 만들 수 있다고 생각합니다. 이는 실제로 만나본 머니메이트들의 가계부와 포트폴리오를 통해서도 확인한 것입니다.

이 책을 읽는 독자의 대부분은 월급생활자일 것입니다. 월급생활자가 주식이나 펀드에 투자하려면 생활비를 제외한 여유자금이 확보되어야 하고 그 외에도 폭락에 대비해서 또 다른 현금통장이 존재해야 하며, 여유자금 외에 이사나 병원비 같은 생활에 꼭 필요한 현금도 마련해두어야 합니다. 그러려면 반드시 가계부가 있어야 합니다.

33세의 제빵사 이승현 님은 대학 학자금을 열심히 갚고 있습니다. 그러나 한때는 그 학자금이 얼마 남아 있는지조차 모르고 방치했다고 합니다. 근무시간이 일정치 않았기 때문에 퇴근 후에는 늘 배달식으로 한 끼를 해결하곤 했습니다. 당연히 카드값은 신경 안 썼겠죠? 부채가 늘고 있다는 것을 알고는 있었지만, 자세히 보는 것이 두려워 알아보기를 꺼렸다고 합니다.

그리고 어느 순간 대학 학자금 대출 연체 독촉장이 날아왔습니다. 그는 그제야 다급함을 느끼고 저를 찾아왔습니다. "저기, 저 진짜 급한데 어떻게 하면 재테크를 잘 할 수 있을까요? 저 삼성전자를 살까요? 베트남 펀드는 어때요?"

저는 그에게 일단 가계부부터 쓰자고 이야기했습니다. 그리고 정확히 알아보지 않고 매수한 주식을 모두 정리하게 했습니다. 무엇보다 학자금이 얼마 남았는지를 제대로 확인해서 가계부에 적어보게 했고, 지출이 없는 날에는 가계부에 '무지출' 표기를 해두라고 조언했습니다.

이승현 님은 생각보다 가계부를 꼼꼼히 잘 적었습니다. 이 과정에서 자신이 그동안 계획 없이 카드를 쓰고 살았다는 것도 처음 알았다고 했습니다. 그는 결국 신용카드를 없애고 본격적으로 가계부를 잘 쓰기 위해서 그 유명하다는 '농협 가계부'를 받기로 결심했습니다.

농협 가계부는 VIP에게만 지급되기에 받기가 꽤나 어렵습니다. 하지만 그는 지점마다 전화해 가계부가 입고되는 날짜를 알아냈고 기어이 얻어내고야 말았습니다. 그리고 가계부에 차곡차곡 '무지출'을 기입하는 날을 늘려갔습니다.

곧 자신감이 붙기 시작했습니다. 자신의 자산을 관리하고 있다는 자신감 말이죠. 제빵 관련 자격증을 취득할 때에는 집밥을 먹고 외식을 하지 않았으며, 심지어 생활보조금 30만 원을 아껴서 삼성전자 주식을 샀다고 했습니다.

저는 그에게 작은 금고를 선물했습니다. 앞으로 투자를 먼

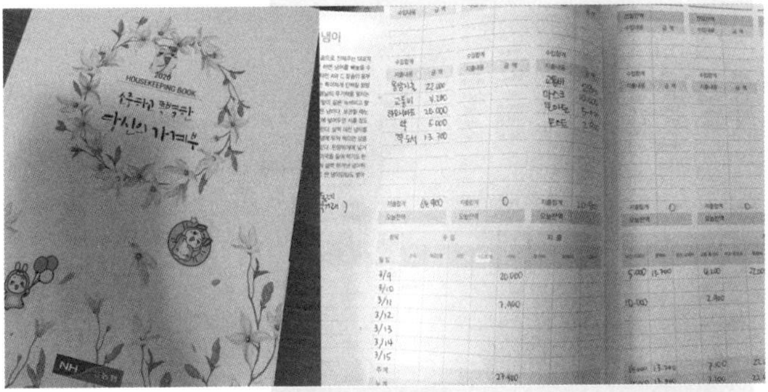

자산을 관리하며
주식투자를 시작하게 도와준 농협 가계부

저 하지 말고 이 안에 통장과 현금 그리고 금을 잘 모아보라고 말이죠.

수익이 늘고 생활비가 줄면 자연히 재테크를 할 수 있을 것이고 주식은 그때의 일입니다. 현재 그는 학자금 대출을 갚아나가는 것은 물론이고 태어나서 처음 청약통장도 만들었으며 주식계좌도 새로 만들어서 관리하고 있습니다. 그리고 올해는 자유적금 통장을 만들어 저에게 인증사진을 보내주었습니다. 뿐만 아니라 꾸준히 우량주를 매달 1주씩 사 모으겠다는 본인과의 약속도 지키고 있습니다. 그에게 저는 다음 미션을 주었습니다.

"2년간 주식, 적금, 청약 등을 합쳐 2,000만 원을 모아보세요. 만약 그 미션을 성공 못 한다면 평생 내 이름으로 된 집은 가질 수 없다는 마음으로요."

주식의 첫 시작은 좋은 주식을 찾는 것이 아닙니다. 지출을 줄이고 내가 투자 할 수 있는 여윳돈을 확인하는 것이 먼저입니다. 그래야 장기투자도 가능하고 손절(손실을 보고 매도한다는 의미의 주식 용어)하는 일도 없어집니다. 손절은 보통 현금이 부족할 때 다른 선택지가 없어 하게 되는 선택이기 때문입니다.

주식이나 적금이나 가계부를 쓰는 것은 모두 다른 이야기가 아닙니다. 가계부를 써서 불필요한 지출을 줄이고 그 금액을 저금해 적절한 순간 주식을 사는 것, 이 과정이 순조롭게 이어져야 가능한 일입니다.

"폭락장에서는 간장에 밥만 먹고 씨를 뿌려라"

폭락이나 또는 조정이 오게 되면 당장 현금이 부족한 것이 아쉬워집니다. 2020년 3월에 코로나19 바이러스로 전 세계 주식시장이 무너졌을 때, 많은 이들이 저와 같은 마음이었을 거라고 생각합니다.

주식 베테랑들도 예외는 아닙니다. 조정장을 학수고대하며 계획적으로 포트폴리오를 준비했음에도 자본이 똑 떨어지기도 합니다. 이번 코로나19발 세계경제 폭락위기 때 꽤 큰돈을 운용 중인 어느 메이트가 한 이야기에 좋은 자극을 받은 적이 있습니다.

"모두 간장에 밥만 먹고 열심히 씨를 뿌리자."

너무 극단적인가요? 물론 그분이 간장에 밥만 먹지는 않았을 것입니다. 그렇지만 싼 가격에 좋은 주식을 많이 확보하길 바라는 간절한 실행 방법이기도 합니다.

폭락과 조정장에 열리는 '나의 냉장고'

저는 저와 함께 공부하는 메이트들에게 저의 계좌 내역을 공개하곤 합니다. 모두들 자극을 받기를 바라는 마음에서입니다. 저의 현금계좌는 폭락이나 조정장에는 텅텅 비어 있습니다. 모두 주식 매수를 위한 예수금으로 옮겨가 있기 때문입니다. 그만큼 조정장에서는 포트폴리오를 공격적으로 바꿔볼 필요가 있습니다.

"냉장고에 묵혀둔 김치로 김치찌개와 볶음밥을 해서 5일만 드신다면 세계 시가총액 1~2위를 다투는 애플주식을 한 주 더 가질 수 있다. 지금 100달러 가까이 떨어졌다!"

제가 이런 말을 하는 의미는 '냉장고 파먹기'와 같은 노력을 해보자는 뜻입니다. 제가 메이트들에게 늘 하는 이야기가 있습니다.

"매일 직장에서 마시는 커피 한 잔을 일주일 동안 마시지 않는다면 베트남 VN지수 우량주의 펀드를 5만 원 더 추가매수해서 펀드 계좌 수를 늘릴 수 있다."

생활비를 줄이고 종잣돈을 만드는 것이 포트폴리오의 기본이라고 이야기하면 너무 허무한가요? 그렇지만 이 책을 읽는 독자분들 역시 생활비를 아껴 투자하는 분들이 많을 겁니다. 꼼꼼하게 가계부를 적어보고 주식 수를 늘리고 포트폴리오 작성으로 폭주하지는 않는 원칙을 실행하는 것은 생각보다 굳은 의지가 필요합니다. 잊지 마세요. 현명한 투자의 첫걸음은 '가계부 쓰기'와 '불필요한 지출 줄이기'입니다.

Make Money
in Stocks

포트폴리오의 시작은 매수와 매도 기록입니다

포트폴리오의 가장 기본적인 작업은 두말할 필요 없이 매수와 매도일지 작성입니다. 병아리 메이트님께 받은 매수일지를 통해 왜 이 일이 첫걸음인지를 알려드리겠습니다.

저의 스터디에서 만난 새내기 메이트 S는 경제신문을 열심히 읽습니다. 주말에는 관심 종목 기사를 스크랩하는 것도 잊지 않습니다. 그리고 매일 한국과 미국, 중국장의 지수를 노트 필기하고 환율을 기록하는 것을 끈기 있게 이어나가고 있습니다. 이렇게 두 달이 지났을 때 그는 자신감이 생겨 자신의 관심종목에 우량주와 유망한 ETF 종목을 넣고 직접 한 주씩 매수를 했습니다. 그렇지만 정작 자신이 매수한 가격에서 너무 치솟아 올라가니 추가매수 시점을 잡지 못하겠다고 했습니다. 그리고 다른 메이트가 매수한 내역을 올리면 그 종목이 좋아 보여 따라서 매수하게 된다고도 했습니다.

해외주식도 예외는 아니었습니다. 미국과 중국까지 우량주와 금융주를 담아가다보니 갈 길을 잃고 관리도 너무 힘들어졌다고 토로했습니다. 거기에 미국 배당 리츠주까지 담게 되자 매달 들어오는 배당금도 관리하기 어려워졌습니다. 배당이 들어와도 알림 메시지만 읽을 뿐 달러 배당금을 어떻게 할 것인지는 생각해본 적이 없다고 했습니다. 그의 주식계좌는 이미 백화점이 되어 있었습니다.

"왜 포트폴리오가 필요한 줄 알겠어요. 자꾸 다른 사람들이 좋다는 주식을 의미 없이 매수하고 관리도 안 되는 것이 느껴져요. 포트폴리오를 한번 써봐야겠어요"

하지만 그는 얼마간 포트폴리오엔 손도 대지 못했습니다. 너무 어렵게 느껴졌기 때문입니다. 처음 하는 작업에 다른 사람의 포트폴리오를 받아보기도 했지만, 머릿속은 더 막막해졌다고 했습니다.

포트폴리오 원포인트 레슨

저는 그에게 수기로 다이어리에 매수일지를 써보라고 권했습니다. 처음은 단순하게 매수 날짜와 주식명, 매수가격을 쓰는 것으로 시작하고 매도일지도 같은 방법으로 쓰기를 권했는데, 그 작업은 매우 수월하게 해냈습니다.

매수일지와 매도일지를 쓰는 일이 익숙해지면, 이 주식을 어느 정도 선에서 팔면 만족할 것 같은지, 또는 더 매수할 의향이 있는지도 기록하고 그 가격은 얼마면 좋겠는지도 작성해보길 권했습니다.

만약 달러나 위안으로 매수한 것은 그날의 환율을 적용해 한화로 환산해서 적어두어야 합니다. 저렴한 가격이 왔을 때 환전해야 하는 이유를 스스로 자각하기 위해서입니다. 이렇게 포트폴리오를 완성시켜가는 겁니다.

제가 공유한 포트폴리오 기본 서식은 쓰는 사람에 따라 양식이 천차만별입니다. 개인마다 약해지는 부분을 더 강조하며 자신의 투자 스타일에 맞게 고쳐쓰기 때문입니다. 틀린 방식도 옳은 방식도 없으니 매수매도 일지에서 발전을 시키면 충분합니다.

저 역시 이분들과 비슷한 시행착오를 겪었습니다. 2008년 금융위기에 좋은 주식을 저가에 매수할 수 있었고 그 종목들이 큰 수익률을 기록한 후로 포트폴리오나 매수매도일지를 쓰지 않고 투자를 계속해왔습니다. 그러다 보니 공부를 충분히 하지 않은 종목, 잘 모르는 종목, 다른 사람들이 많이 가지고 있는 종목 등을 성급하게 매수해 저조차도 방향성을 알 수 없는 계좌로 변해갔고 수익률도 저조해졌습니다.

한동안은 '내가 이 주식을 가지고 있었어?' 하는 생각을 할 정도로 제 계좌 역시 세상 만물 백화점이 되어 있기도 했습니다. 제일 어처구니없었던 매수는 강원랜드 주식을 갖고 있으면 주주혜택으로 하이원리조트 이용 시 할인을 해준다는 지인의 이야기를 듣고 주식을 매수한 일입니다.

결론은 "가는 놈만 간다"라는 말처럼 치밀한 계획하에 오랫동안 저만의 방식으로 선택한 종목들을 제외하고는 크게 성과를 얻지 못했습니다.

그런 시행착오를 겪은 후 저는 포트폴리오를 꼼꼼하게 짜보고 매수계획과 희망매수가격 등을 기록하고 점검하고 있으며, 후에 배당금이 커지게 되자 매달 수기로 배당일지도 작성하고 있습니다. 그리고 매년 새해 다이어리에 그동안 매수하

2020년 투자 포트폴리오

■2020년 주요 투자처/목표	
· 국내 : 종목 정리	· 베트남 : 펀드만 꾸준히
· 미국 : 배당주 씨앗 뿌리기	· 중국 : 평안보험 300주 달성

■나의 장기 보유 종목		■매수 가능 금액	
· 평안보험	·	· 평안보험	¥90
· APLE(리츠)	·	· APLE(리츠)	$15.5
· 삼성전자/우	·	· PGX	$15
· 마산그룹	·	· GOF	$18.2
· MSFT	·	· MAIN	$43
■1천만 원이 생기면(키움계좌 정리시)		· 마산그룹	₫55,000
· 미국 배당주(주가 변동이 적은) : 300만원		· 삼성전자	₩56,000
· 평안보험 200주 : 300만원		· 삼성전자 우	₩48,000
· 공격투자(베트남, 삼성전자) : 400만원		· MSFT	$155

■현재 내 주식&펀드 계좌

구분	평가액(원)	목표수익
· 베트남그로스	1,100,000	30%
· 럭셔리라이프	150,000	30%
· 국내-나무	550,000	100%
· 국내-키움	7,300,000	1천만 원 전액 매도
· 중국-미래에셋	1,400,000	300%
· 미국 배당주-키움	130,000	2020년 배당금 100,000원

■매수일지

1월		2월		3월		4월		5월		6월	
23	APLE/15.92/3주										
28	삼전/58,900/1주										
	삼전우/48,800/1주										

7월		8월		9월		10월		11월		12월	

지 못했던 주식들을 희망종목으로 써두고 좋은 때를 기다리곤 합니다.

포트폴리오란 일기와 같아서 형식이 따로 있지 않습니다. 남의 일기를 자신의 일기라고 속일 수 없는 것처럼 나만의 방식을 찾기를 가장 권하는 바입니다. 저마다 계좌 종목과 운용기간, 운용 목적이 다르듯이 포트폴리오도 색이 모두 다를 수밖에 없습니다.

앞의 표는 투자 2년차 머니메이트의 실제 포트폴리오입니다. 그는 쓰면서 실제로 투자하며 상승장과 폭락장을 겪어보니 이제 포트폴리오의 중요성을 깨달았다고 합니다. 그리고 코로나19 사태 때에도 포트폴리오에 의지해 흔들림 없이 성공적인 매수를 할 수 있었습니다.

Make Money
in Stocks

폭락장에서 날 살려줄 최고의 전문가는 내 포트폴리오

매수매도 일지 쓰기에 익숙해졌다면, 그다음은 투자기간을 정하고 매수목표와 추가매수 계획도 세워봅시다. 추가매수 계획에는 반드시 매수 목표가격을 여러 단계로 설정하는 것이 좋습니다. 당연히 시장은 움직이니 자주 나의 포트폴리오를 보면서 목표 매수금액이나 매도금액을 조정해갑니다.

저의 경우는 종목 뒤에 이런 식으로 저만의 방법으로 투자기간을 목적에 따라 설정해 두었습니다.

#영원히 안팔아 주식 | 20년 이상 초장기투자

#연금용주식 | 배당을 목표로 10년 이상 장기투자할 주식

#성장주식 | 목표가에 이르면 매도를 해서 차익을 내는 용도의 주식

#무상증자용주식 | 주로 무상증자를 자주하는 종목으로 무상증자가 주식 보유의 목표

#펀드 | 최장 36개월로 투자하되 수익이 30% 정도에서는 기간과 상관없이 환매를 고려하고, 이머징마켓(베트남, 인도, 인도네시아 등)일 경우 장기투자를 목표로 조정

위와 같이 분류를 하고 이에 맞추어서 추가매수와 매도를 진행합니다. 포트폴리오의 유무에 따라서 어떠한 차이가 있는지 2020년 3월 시작된 코로나19발 세계경제 위기 때 있었던 에피소드들을 예로 들어보겠습니다.

2020년 3월 한국의 주식시장은 급격하게 폭락했습니다. 매일 바닥을 부숴나가듯 빠른 속도로 추락하고 있었습니다. 폭락의 폭락을 거듭하면서 2020년 3월 23일에는 장중 코스피 1,450선이 깨지면서 사이드카가 몇 차례 발동하기도 해 공포의 장으로 돌변하였습니다. 한국 시장만 그런 것은 아닙니다. 코로나19 바이러스로 팬데믹이 선언되자 미국시장도 2008년 서브프라임 발 금융위기 때처럼 빠른 속력으로 폭락하고 있었으며, 가장 많은 확진자가 생긴 유럽은 주식시장이 마비된 듯 보였습니다.

이쯤 되면 여기저기서 '전문가'가 등장합니다.

"어차피 2008년을 생각해봤을 때, 이 낙폭이 1~2년 가지고 회복될 게 아닙니다. 4~5년이 걸린다고 봅니다. 저는 그래서 매수는 안 하려고 합니다. 그리고 돈은 안전하게 현금으로 가지고 있어야 합니다. 그리고 지금은 부동산이 적기이니 들어가야죠."

"매일 출근길에 유튜버가 하는 주식방송을 봤는데 아직 때가 아니래요. 이제 개미들이 달라붙으니까 개미 털어낼 때까지 전 좀 더 지켜보겠어요. 외인들이 살 때 사라던데요?"

"저점이 어딘지 찾아야 합니다. 저점을 찾아서 매수하면 이익을 크게 볼 거예요."

"달러를 지금이라도 사야 합니다. 달러는 1,600원까지 오를 거예요. 2008년에도 그랬는걸요? 그리고 IMF 때 2,000원도 보지 않았습니까?"

저는 이런 시기에는 다른 사람들의 이야기에 귀를 기울이지 않습니다. 더 정확하게 말하자면 휘둘리지 않는 게 맞는 것 같습니다. 누가 저점과 폭락이 끝나는 지점을 맞출 수 있을까요? 2008년 때와 시장은 같지 않고 모든 위기는 똑같은 패턴으로 진행하지 않습니다.

이럴 때 제가 믿고 의지하는 것은 포트폴리오와 세계시장 상황을 알려주는 단신 뉴스뿐입니다. 저의 포트폴리오에 미리 계획해놓은 매수 희망금액을 조금 더 낮춰 수정해가면서 분할 매수를 하고, 절대 저렴하다고 생각해서 한 번에 매수 버튼을 누르지도 않았습니다.

올해 사고 싶었던 기업이 있었다면, 그 종목이 포트폴리오에도 있었을 것이며 희망가격도 써뒀을 것입니다. 몇 년 만에 찾아온 대폭락장이니 조금 더 낮춘 희망가격을 적어보고 그 뒷날도 계속 조정하면서 주식시황과 포트폴리오만 유심히 봅니다. 그러고도 시장이 더 나에게 기회를 줄 때(폭락장이 이어질 때)는 열심히 모아 두었던 현금을 꺼냅니다. 마이너스 통장이나 대출은 절대 안 됩니다. 적어도 2년 내에는 쓸 일이 없는 돈이어야 합니다.

하나 더, 매일 브리핑을 하는 미국 대통령과 부통령의 방송을 실시간으로 확인하며 우리나라에도 금리 인하나 긴급부양책 같은 새로운 대책이 세워지는지를 확인합니다. 그리고 그에 맞추어 다시 포트폴리오를 정리하고 늦게 잠이 듭니다.

끊임없이 폭락할 것만 같던 2020년 3월 코로나19발 폭락장은 공포를 가져다주었지만 3월 24일을 기점으로 반등을 시작했습니다. 원칙에 따라서 매수를 하고 포트폴리오를 보면서 신중하게 분할매수를 한 사람들은 할 일을 모두 마쳤습니다.

저도 그동안 추가매수하고 싶었던 미국, 한국, 중국의 주식들을 모두 골고루 사들이는 기회를 놓치지 않았습니다. 그뿐만 아니라 환전부담이 있었던 베트남과 유럽은 각각 펀드와 ETF로 매수해서 원화로 투자했습니다. 유럽 ETF는 4월부터 수익권에 들어섰으며 그간 유지하던 베트남 펀드는 저가로 좌수 늘리기에 성공했습니다. 베트남과 같은 이머징시장의 주식과 펀드를 폭락장에 방치하지 않겠다는 것도 저의 매수일지와 목표에 있었던 내용입니다.

10년 이상 주식에 투자하고 있는 지인의 경우에도 아예 혼란한 장에는 방송를 꺼버린다고 했습니다. 커뮤니티의 글이나 주식방송이 오히려 더 혼란을 줄 수 있기 때문에 자신만의 방식대로 포트폴리오를 다시 짜서 움직인다고 합니다. 이번 폭락장에서는 그간 환전을 하지 못했기 때문에 한국 우량주로 방향을 바꾸어 분할매수하는 계획을 짜보았다고 했습니다. 종목 역시 그간 관심종목이었으나 가격부담이 있었던 LG화학, LG생활건강, SK하이닉스, 삼성전자 우선주를 꽤나 좋은 가격에 사들였고 이미 수익권에 진입했다고 합니다.

Make Money
in Stocks

언제 팔까?
포트폴리오에게 물어봐

겪어보신 분들은 아시겠지만 주가가 오르면 오르는 대로 떨어지면 떨어지는 대로 매도는 어렵습니다. 내가 산 주식이 오르면 현금화하기 아깝고 장기투자하고 싶은 마음이 생깁니다. 주가가 떨어지면 원금만이라도 회복되기를 기다리거나 손절하고 싶어집니다. 주가가 오르면 욕심이 더 커지고 주가가 떨어지면 스트레스 받지 말고 적금이나 들걸, 하며 속상해합니다.

부산 머니메이트 이영란 님은 내년을 위해 이사비용이 꼭 필요합니다. 계획에 맞추어서 포트폴리오를 구성하고 2년을 목표로 투자할 예정이었던 현금을 중국에 큰 비중을 두고 투자하게 되었습니다.

그중 비야디자동차와 안기효모가 꽤 빨리 목표치에 도달했습니다. 그가 생각했던 20~30%의 수익을 무난히 달성하고 있었는데 갑자기 코로나19 사태가 터졌습니다. 다들 초기에 우왕좌왕 할 때 그는 순발력 있게 수익권인 중국주식을 매도하고 현금 확보에 성공했습니다. 이 역시 그의 포트폴리오에 이 금액은 어느 정도의 수익을 보고 언제까지는 현금화한다는 계획이 있었기 때문입니다.

그는 수익금으로 코로나19 사태로 주가가 떨어진 존슨앤드존슨 주식을 외동딸 하늬의 계좌에 사주고 나머지 금액은 미국 우량주인 마이크로소프트와 스타벅스 그리고 코카콜라를 나눠 매수했습니다. 중국 항서제약도 매수했는데, 환전 없이 매도한 위안화 그대로 중국 주식을 매수했으며 배당금과 무상증자도 덤으로 받게 되었습니다. 물론 그의 포트폴리오는 실시간 가동 중입니다.

미국과 중국주식을 좋은 가격에 다시 매수했으니 내년에 이사를 대비해서 정리할 주식과 보유할 주식, 그리고 목표 수익률의 포트폴리오 역시 재정비해두었습니다. 그의 내년 이사는 무탈할 것 같습니다.

Make Money
in Stocks

포트폴리오와 원칙을 무시해 기회를 놓친 사람들

이번 2020년 코로나19발 경제위기에 전문가들의 말을 맹신하던 메이트 H는 여유자금을 500만 원 이상 가지고 있었지만, 겨우 9만 원어치밖에 매수하지 못했습니다. 막상 상승 그래프가 되니 다시 가격이 저점이 되지 않을까 걱정이 되었기 때문입니다.

그리고 너무 많은 애널리스트와 경제 전문 유튜버, 블로거의 조언을 찾아듣다 보니 신중한 것만이 답이라고 스스로를 합리화했습니다.

열심히 종잣돈만 모으면 무엇하겠습니까? H는 포트폴리오를 활용조차 못 해보고 시종일관 전문가의 말만 들었던 결과 너무나도 초라한 성적표를 받았습니다. 더불어 자칭 전문가 유튜버의 말을 맹신해서 투자한 9만 원조차 본인이 원하던 저가 매수에 실패하고 말았습니다.

2020년 3월 23일에 사이드카 발동과 함께 코스피 1,450 아래로 추락했던 한국주식시장은 단 이틀 만에 코스피 1,700을 탈환했습니다. 저점을 찾다가 기회를 다 놓친 셈이죠. 달러가 2,000원까지 오를 거라면서 환전을 1억 원 가까이 한 분이 계시는데 그분도 2,000원 보기에는 실패했습니다. 오히려 한미 통화스와프 체결 전 가장 비싼 가격에 달러를 사 후회했고, 그 다음 주에 성급히 팔아버리는 바람에 오히려 수수료 비용으로 손해를 보았습니다.

코로나19 사태,
생각이 많아져 생긴 헛발질

초보 메이트 J는 평소 포트폴리오를 열심히 쓰고 정리를 잘

해두었지만 정작 폭락장이 찾아오자 MTS와 뉴스만 보면서 이 위기가 4~5년 계속 될 거라고 믿어버렸습니다. 그러고는 현금을 모두 부동산에 투자해버렸습니다. 그의 시계는 1997년 IMF에서 멈춘 것입니다.

주변 사람들이 소소한 매수와 매도로 기쁨을 누릴 때, J는 현금이 없어서 입맛만 다실 수밖에 없었습니다. 삼성전자가 3만 원대 진입하면 사겠다던 수많은 투자자들은 3만 원 아니, 1만 원이 돼도 살 수 없을 것입니다.

우리는 성공 케이스만큼이나 실패 케이스에서도 교훈을 얻어야 합니다. 주식 시장은 매우 변덕스럽고 사람의 마음은 더욱 변덕스러워서 "삼성전자 3만 원대야 오기만 해봐라 내가 다 사주마" 했다가 실제 폭락장이 닥치면 더 떨어질 듯한 마음에, 세계 경제가 암담해지는 불안감에 매수버튼을 누르지 못합니다. 눌렀다 해도 더 떨어지기 시작하면 공포심에 성급하게 손절하고 맙니다. 충분히 이익을 얻지 못하고 계획 없이 매도하기도 합니다.

메모하고 머릿속으로 구상한 포트폴리오를 꺼내서 문서화하는 것은 매우 중요합니다. 그리고 문서화했다면 매일 점검하고 머릿속에 새겨넣어 실천하도록 노력을 해야 합니다. 원칙은 하루아침에 생기는 것도 아니지만 대단한 투자자만 가지고 있는 것도 아닙니다.

나는
코스피로 돈 벌어
해외주식 산다

지은이 | 마준원
초판 1쇄 발행 | 2020년 6월 10일

펴낸이 | 이한나
디자인 | 디박스
교정교열 | 송현주

펴낸곳 | 세이지(世利知)
등록 | 2016년 5월 16일 2016-000022호
주소 | 경기도 군포시 용호2로 54번길 11
대표전화 | 070-8115-3208
팩스 | 0303-3442-3208
메일 | booksage@naver.com
ISBN | 979-11-89797-04-1 03320

이 도서의 국립중앙도서관
출판예정도서목록(CIP)은
서지정보유통지원시스템
홈페이지(http://seoji.nl.go.kr)와
국가자료공동목록시스템(http://
www.nl.go.kr/kolisnet)에서 이용하실 수
있습니다.
(CIP제어번호: CIP2020021085)

책값은 뒤표지에 있습니다.

잘못된 책은 구입한 곳에서 바꾸어 드립니다.

내 통장 사용설명서

통장 7개로 시작하는
세상에서 제일 쉬운 재테크

지은이 이천 | 경제경영 · 재테크 | 값 14,000원

"어렵고 복잡한 재테크, 통장으로 시작하면 쉽습니다"

목적에 맞게 돈이 차오르는 대한민국 필수 통장 완벽 활용법
자산의 뼈대를 세우는 월급통장, 예금·적금 통장부터 집을 마련하고 노후를
준비하고 위험을 대비하는 청약, 보험, 연금까지, 상품의 기본 지식부터
일반인들은 모르는 전략적 활용법을 담은 재테크를 시작하는 사람을 위한
눈높이 맞춤 지도서.

3인 가족 재테크 수업

부부와 외동아이, 돈에서 자유로워지는

지은이 이천 | 경제경영 | 값 14,500원

"아이는 하나인데 왜 돈은 더 많이 쓸까요?"

아이가 하나라 가족끼리 결속력도 크지만 리스크도 안고 있는 3인 가족.
대한민국 1세대 재무설계 전문가가 100여 케이스가 넘는 3인 가족과의 상담을
바탕으로 3인 가족이 반복하게 되는 함정과 반드시 준비해야 할 재무 이슈
자녀교육비, 내집마련, 노후준비를 바탕으로 가족의 행복을 만들어갈 재무 설계
방법을 전한다.

잡지의 사생활

미감과 호기심, 대화와 물건으로 이루어진 매체를 서울에서 만드는 일에 대하여

지은이 박찬용 | 에세이 | 값 14,000원

"책보다 빠르고 신문보다 깊은 매체를 만드는 창의적 노동에 관하여"

1억 4천만 원짜리 손목시계부터 벼룩시장에 나온 밥그릇까지, 욕망을 자극하는 화보부터 속 깊은 인터뷰, 차가운 칼럼까지, 월간 〈에스콰이어〉 피처 에디터였고 현재 매거진 〈B〉 에디터 박찬용이 잡지를 만든 경험과 고민, 매체 안팎에 얽힌 궁금증, 잡지 에디터의 삶에 대해 이야기한다.

탐나는 프리미엄 마케팅

비싸고 더 잘 팔리는 브랜드의 경험 설계 전략

지은이 최연미 | 경제경영 · 재테크 | 값 14,500원

"우리가 마케팅하면 시장 규칙이 바뀐다, 돈을 쏟아붓지 않아도"

세계 도처에서 고객들을 줄세우는 정교한 프리미엄 마케팅 전략
기존에 없던 방식으로 새로운 시장을 발빠르게 개척하는 글로벌 브랜드의 마케팅 설계도를 한국에 쉐이크쉑을 성공적으로 론칭시킨 저자가 그간 경험하고 교류한 수많은 프리미엄 브랜드의 성공 공통분모를 찾아 이 책에서 풀어낸다.

생활의 미학

비우며 발견하는 행복, 나와 친해지는 시간

지은이 고명한 | 에세이 | 값 13,500원

"삶의 본질은 밖이 아닌, 단순하고 반복적인 일상 안에서 찾는 것입니다"
네이버 블로거 '본질찾기'가 전하는 비움의 철학과 생활의 노하우

과감히 비우는 것과 살림 이야기로 유명한 네이버 블로거인 저자는 비우는 삶을 실천하는 방법과 나를 찾아가는 여정을 1년 동안의 사진과 글을 통해 전한다. 갖추지 않고도 풍요로운 삶을 살 수 있는 방법을 제안하고, 덜어냄으로써 다 갖추게 된 소박한 일상 속으로 우리를 초대한다.

어느날 중년이라는 청구서가 날아왔다

나를 흔드는 세상, 자존을 지키며 사는 법

지은이 고명한 | 에세이 | 값 13,000원

"우리는 조연이 되어가는 걸까"

파티의 주인공으로 살아온 것도 아닌데 내가 나서서 치우고 해결해야 할 일들이 가득하다. 대학에서 심리학을 가르치는 저자가 중년에 경험한 상실과 변이의 과정을 털어놓고 극복해낸 삶의 과정과 자신의 생활 철학을 전한다.

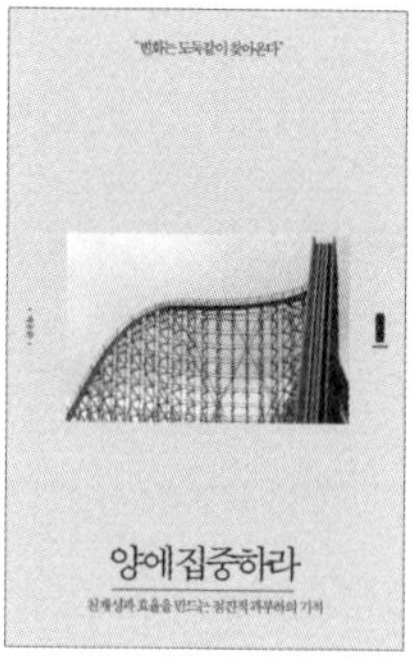

양에 집중하라

천재성과 효율을 만드는 점진적 과부하의 기적

지은이 박용환 | 인문 | 값 14,000원

“양量의 누적으로 세상을 바꾼 점진적 과부하의 파괴력을 밝히다”

효율·비효율의 좁은 시야에서 벗어나 역사적, 사회적 패러다임시프트를 일으킨 ‘평범한 사람들’의 생을 조명하고, 실패자 또는 퇴물에서 천재가 된 이들의 숨은 과정을 통해 효율성만 추구하는 현 세태에 우직한 한 걸음이 세상을 바꾼 방법론을 밝힌다.